方外看紅塵

聖嚴法師／著
梁玉芳／採訪整理

自序

本書的緣起，是由於《聯合報》的第三代負責人王文杉社長的母親謝家蘭女士，她是我們法鼓山「法緣會」的會員，二〇〇四年初春，她因有感於台灣社會紛亂浮盪的情勢，特別來看我一趟，問我能不能在報上闢個專欄，爲人間社會種種的疑惑、亂象，提出佛法的觀點來解疑、作疏導。我答應了，不久便由王文杉社長親自陪著他的母親，並且帶了一位記者梁玉芳小姐，一同上法鼓山跟我談專欄的事；就這樣，開始了在《聯合報》每週日繽紛版的一個專欄，叫做「方外看紅塵」。

這個專欄，自二〇〇五年元月二日首刊以來，一直連載至二〇〇七年七月十五日止，其間歷時兩年又六個餘月，文稿計一百三十二則（編按：本書僅收錄一百一十五則），每次以八百至一千字的篇幅見報；當中有十一則，緣因我在病中，無法接受採訪，是從法鼓文化已出版的《智慧掌中書》改寫而成。

這兩年多來，梁玉芳小姐的採訪提問，都是緊扣著台灣社會現下的時貌，把民情輿論普遍討論、共同關心的議題或時事，設成一個個採訪的主題，而希望我這個老和尚也來談一談，看看能夠提出什麼觀點，而讓關心社會的讀者大眾，或者自己本身就有類似問題的人士一同來參考。

現在，專欄文稿就要出書了，由法鼓文化編輯出版。本來在這過程裡，最辛苦也最費心的是梁玉芳小姐，她要找題材、要構思題目，然後來採訪我，再整理成文，花費的時間與心力是相當多了。可是她卻非常的慷慨，說文稿的版權全部讓我所有。其實在我來講，我是不需要版權的，我也不準備拿版稅，在書出版以後，如果在法鼓文化編輯出版的成本之外尚有餘結，那就用來推廣結緣吧！本書的內文，每一則都是精簡的短篇，很容易看，送人時是很好的禮物。

在書將付梓之前，我要感謝《聯合報》王文杉社長和他的母親謝家蘭女士，以及《聯合報》總編輯黃素娟女士，與該報編輯台上的編輯諸君，感謝他們在刊載期間對此專欄的重視與厚愛；這個專欄在刊出兩年半以後，因我的主動提出適合告一段落而結束，至於日後能否再有新專欄與讀者見面，那就看因緣了。

二〇〇七年十月九日聖嚴寫於法鼓山

目錄

自序 003

【自我成長】

慢活人生 012
境隨心轉能轉敗爲勝 015
如何認清自己？ 018
對自己有交代 021
人生規畫 024
懂得放下，才能自在 027
小心而不擔心 030
睡前放空自己 033
整形能轉運嗎？ 036
恐怖的愛 039
愛情不是人生的唯一 042
不要被愛情沖昏了頭 045
有條件的愛太辛苦 048
別玩劈腿遊戲 051
非結婚不可嗎？ 054
賺錢的福報 057
辦公室的溝通智慧 060
讓人人都有飯吃 063
忙人時間最多 066
心定就做事不亂 069

穩重不是無能 072
把弱者變強棒 075
遵守團體遊戲規則 078
老人也是公司的寶 081
事必躬親，累死自己 084
和競爭對手做朋友 087
面對貧窮的勇氣 091
先做好人際關係 094
失意得意一念間 097
忍出工作好本領 100
中年別盲目轉業 103
人到中年百事哀？ 106
中年不是三明治 110
老年生活靠自己 113
如何準備老年生活？ 116
通靈預言可信嗎？ 120
演好人生大戲 123

【社會關懷】

別為貪念打假球 128
拆穿詐騙集團謊言 131
不放棄自己 135
分清楚該不該要 138
買彩券行善 141
可以開神的玩笑嗎？ 144
以禪修戒毒 147
將心比心接納病人 150

善待外勞 153
與惡鄰和平相處 156
忍辱者多福 159
難教的學生是活教材 162
擔憂學生請產假 165
讓邊緣人進入社會核心 168
不必靠整形建立自信 171
不棄養狗 174
節慶不是玩樂天 177
閏七月的鬼月禁忌 180
戒菸做善事 183
人人都當環保警察 186
尊重彼此的政治選擇 189
把仇恨留在過去 192
心靈環保解仇恨 195
把怨仇一筆勾銷 198
從兩岸伸出友誼的手 201
到窮國當義工 204

【家庭溝通】

小爸媽問題多 208
奉子不離婚 211
讓孩子走自己的路 214
以佛心陪孩子成長 218
我不是小流氓 221
以勉勵代替責罵 224

尊重孩子的意願 227
悲哀小皇帝 230
青少年為何迷戀網路？ 233
化解兩代教養的爭執 235
行行都能出人頭地 238
老來養孫負擔重 241
老人不堪尿布奶瓶 244
接受同性戀兒子 247
單身者適合收養小孩嗎？ 250
無血緣的家庭聯合國 253
家庭主夫不丟臉 256
做家事的福報 259
家暴是前世報應？ 262
太太為什麼不再是「知己」？ 265
外遇毀掉一家人 268
娶外籍配偶無法解決問題 271
娶外籍配偶要感恩 274
晚年再婚 277
為兒女留下「功德」遺產 280
父母是家裡的佛 283
接納不負責任的父親 286
包容老人家的「寶貝」垃圾 289

【生死大事】

出世是來解決問題 294
走出活路來 297

複製人倫理 300
墮胎罪同殺人 303
不能只生不養 306
該不該多生小孩？ 309
別帶孩子一起尋死 312
減少憂鬱的方法 315
別衝動情殺 318
莫棄養寵物 321
可憐惡人 324
傷害動物的罪過 327
不再穿皮草 330
慈悲呵護動物 333
盲目放生反而殺生 336
動物生死順其自然 339
防癌的方法 342
可以代死者捐器官嗎？ 345
如何告知病情？ 348
預立遺囑要及早 351
最好的葬法 354
祈禱，讓受苦的人勇敢 357
活不下去了？ 360
生死像睡一場覺 363

自我成長

慢活人生

問

以前台灣流行「愛拚才會贏」，大夥一起打拚，創造台灣經濟奇蹟。但是，現在有人開始提倡「慢活」，推動悠閒的生活，工作之外也要休閒。人生到底該把金錢、時間與潛力發揮到極致，或者過得去就好？這之間會有矛盾嗎？

答

我想，「慢活」的意思，就如同禪修所說，放鬆、不要緊張。打拚是很緊張的，但慢慢地來，是在欣賞自己的人生，走任何一步，都是在享受、欣賞。

舉一個例子，越南籍的一行禪師，他教人學禪的方法，要人慢慢體驗自己的生活，體驗自己走路的感覺，享受自己慢慢走路的過程。有很多的人生活非常緊張，甚至緊張到害病，糖尿病、心臟病、高血壓樣樣都有。用禪修的方法，可以將生活的步調放慢，把自己的心情緩和下來；心情一旦舒緩，工作就更有效率。

我常說：「工作要趕不要急。」趕工作並不是等同於急躁。通常很多人趕工作都會很急，手也急、腳也急、心也急，工作好像是趕的，趕的結果反而讓工作出差錯；慢慢地做，反而會做得非常好。

我有一位女弟子，在哥倫比亞大學讀書。那時我也在美國，她擔任我的侍者，每天替我準備早、午餐，晚餐則等到下課回來再做。這位弟子每天一早起來還要做早課，她的動作很慢，不慌不亂卻效率很高，慢動作之中也可以做出細工夫來，工夫細而效率高。她在一小時內可以做許多事，慢與效率是不衝突的。

我問她：「動作這麼慢，爲何一小時可以做這麼多事？」她說：「不能快，快就會亂了方寸，我很清楚每小時、每分鐘應做的事。」

還有另外一位女弟子，她整天都很忙，包括掃地也是很快，但拚命掃卻掃不乾淨。因爲忙就想很快地掃完，反而揚起許多灰塵，結果地掃了卻不乾淨。她每天拚命地工作，但工作效率和品質都不好。

由此可見，慢活的提倡，和發揮效率、發展潛能是不衝突的，反而是有助益的。

工作要趕不要急。

境隨心轉能轉敗爲勝

問

社會環境意見紛亂，我們常常「心隨境轉」，局勢亂，人心也亂了。如何在亂世裡保持清明安穩，做到「境隨心轉」呢？

答

「心隨境轉」、「境隨心轉」這兩句話，我經常拿來勉勵自己，也用來爲信眾、弟子打氣。通常，我們凡夫都是會心隨境轉的。

舉例說，大多數的人不喜歡下雨。比如法鼓山正在整地興建學校，只要看到天空烏雲密布，包商和工人就愁眉苦臉，因爲一下雨，再等地乾，至少兩天不能工作，工期就會延宕，成本也提高了。所以，因爲個人的利害和所處狀況，人的心情就會隨著這些條件而變化，這就是心隨境轉。

但是，同樣是下雨天，作家琦君女士在一篇散文裡，卻說她喜歡下雨天呢！因爲她會想起小時候，下雨天躲在母親懷裡聽故事的情景。她一樣一樣地把下雨天的溫馨回憶舉出來，她的內心也因爲下雨天而出現一幅幅美麗的圖畫。下雨天對她來說，眞是太好了。這也是心隨境轉，心隨著外面的環境，轉到好的方向去了。

生活裡充滿這樣的例子。有的人明明知道沒有辦法跟別人競爭，試一下卻幸運得勝，敗部復活，讓他非常高興；有人明明實力很強，但競爭結果沒被錄取，內心非常痛苦。這都是心隨境轉。

「境」包括人、事、物，都可能影響我們的心情起伏。受外界因素影響心情變化，是非常痛苦的事，但眞能做到「境隨心轉」嗎？事實上是不太可能的，因爲人、事、物都是外在環境，天有不測風雲，個人力量很難完全掌控。但是，我們可以改變自己面對環境的態度，收伏起落不定的心情，也就能轉劣爲優，轉敗爲勝。

我有個信眾在海邊用有機方法種稻，但去年連連發生問題。先是出現福壽螺，接著又有蟲害，當他以爲收成無望時，害蟲的天敵出現，兩、三天就把問題解決了，後來稻子收成不錯。他學到經驗：任何事都要往好處想，往壞處準備；能解決就解決，不能解決就面對它、接受它、處理它、放下它。

有一位瓜農，木瓜還未收成前就被焚風破壞了。我跟他說，靠天吃飯的人，天給飯吃要感謝；天不給，也不用恨，因爲這不是人可以掌控的事，但心情卻是自己可以掌控的。

不要天眞地以爲人定勝天，環境一定會照人的心意而改變，能改變的其實是自己的態度。如果今年收成不了木瓜，明年就什麼也不種，這樣到了最後就什麼都沒有了。

任何事都要往好處想，往壞處準備。

如何認清自己？

問

想問一個說來簡單，卻很難做到的問題，那就是要如何認清自己？

答

在我指導修行時，「認清自己」的層次分爲自我肯定、自我成長和自我消融三個層次。

自我肯定是先肯定自己的缺點，再肯定自己的長處。一般人對自己的缺點，大都採取隱瞞、掩蓋或不願檢討和承認。這種人，往往是一臉的灰塵、油垢，但不願自我反省和檢查。他也許曾照過鏡子，但看到又髒又醜的自己，就沒有勇氣再面對鏡子。這種人不清楚、不瞭解自我長相，拒絕看清自己的缺點，往往自我膨脹。就像火雞看到外敵時，頭部和身上的毛就膨脹豎直，藉以誇大實力，希望讓對手以為牠體型變大了，但大家都清楚，那是假象。

要真正認識自己，必須常常反省，最好在心理穩定、生活正常時進行。如果情緒不穩定，生活狀態很混亂，反省也沒有用，因為看到的只是我比人家大、比人家好、比人家強，很阿Q的自我膨脹，這樣無法認清自己。

一個常受情緒影響的人，是無法清楚面對自己的。學習禪法的人，首先要知慚愧、知懺悔。知慚愧就是要檢討自己，知懺悔就是承認自己的錯誤，從檢討自己、承認錯誤中重新出發。知過能改，就能隨時隨地面對自己。

只要對周遭環境細心些，自己的優缺點可從朋友、親戚、群眾的反映中得知。面對別人的指責，要謙虛、廣納眾議。如果覺得自己很聰明、優秀，表現高人一等，這種傲慢的人，是看不到自己的。謙虛的人才能認識自己，也才能聽到許多人給的忠言。也許有人會說：「別人提出的建議，並不一定全都是對的。」無論對或錯，一樣要用心去聽，感謝提出意見的人。

「認清自己」，首先要瞭解自己的缺點，其次是要改正自己的缺點，接著是要不斷謙虛學習。

當我們一步步改正自己，智慧也隨之增長；此時要更謙虛。有些大人物，決策時會請教很多人，一旦得到共同結論，就照著做。有智慧的領導者，不會說這是自己的智慧，而是心存感恩，感謝大家的努力；執行時不幸發生錯誤，別人也會諒解。

自己的缺點，自己應該最清楚。可從做事、做人、與人互動中去發現，唯有勇於面對自己，才能「認清自己」。

一個常受情緒影響的人，是無法清楚面對自己的。

對自己有交代

問

許多上班族因每日上班下班，不斷重複，一生好像就這樣過去，而藉著唱卡拉OK或去PUB喝酒來排遣無力感。該如何面對這種消沉人生觀呢？

答

唱卡拉OK或去PUB，讓工作上的壓力舒暢一下，這是一種娛樂的方式，偶一爲之，也無不妥；夜夜笙歌，就眞的是浪費生命。

積極進取的人，對自己期許很高，不會把時間消耗在沒有意義的生活上；他們對未來有許多期許與要求，每天都努力地工作著，時時刻刻都在追求各種自我充實的生活方式。

以我個人來說，我一輩子都很忙。記得在軍中服役時，同袍空閒時往往在茶館、賭場、色情場所消磨時間，我白天工作完成了，晚上就看書、寫文章。累了，就走出房門，看看星星、月亮，欣賞大自然，可以看到平常看不到的景色，感受平常感受不到的心境，這是「大享受」。

雖然我沒有讀過初中、高中，但在軍中，我看了很多書，等於上了大學一樣。有人問我：「讀那麼多書，能做什麼？」我說：「不爲什麼，將來或許有用吧！」到現在，的確很有用，包括自然、社會科學，都能與別人分享。但是，誰知道以前我的同袍都認爲我是「怪人」，說我的人生沒有意義呢！

在那段軍中經歷裡，我也看到有些同袍常常喝得醉醺醺、搖搖晃晃的回營房來。看起來時間很容易打發、談笑很快樂，內心卻很空虛！

除了白天的工作任務外，他們不知道要把生命的著力點放到哪裡去，或是時間該放哪裡、心思該放哪裡？沒有安心處，心無處可安，所以習慣性找那些娛樂場所。但對我來說，那些都不是我要的。雖然我常一個人度過晚上光陰，但我卻過得非常充實，時間流逝，知識卻留下來了。

最近有位軍中老友來看我，他說：「當初大家都認爲你不懂得享受，生活過得無趣；現在看你對社會很有貢獻，你走的路和我們的確不一樣。」

我和我的朋友都老了，他直到人生快走到終點，才覺得虛擲了過去的人生，但我覺得對自己有交代，對社會也有貢獻，並不枉費。我想，過去那些獨自用功的日子，不錯失光陰，不在酒色享樂中逃避人生應有的責任，確實是有價值多了。

積極進取的人，對自己期許很高，不會把時間消耗在沒有意義的生活上。

人生規畫

問

法師曾說這一生從來沒有做過人生規畫，為什麼呢？學校不都是教人要盡早訂下人生規畫嗎？

答

及早規畫人生方向的觀念，是社會主流，因爲學校老師如此說，老師的老師也是如此說，整個社會都習慣這個想法。但是，這種說法也不盡然全對。

就以我的母親來說，她從小就告誡我：「不用做大人物、大事業，能夠平平安安過日子，那就是福氣了。」我也認爲，即使很早就規畫人生，但人生並不一定能照著計畫走。我有一位信眾，最近說不想做官了，另有人生規畫。我覺得奇怪，剛開始做官時，應該也想長久為政府奉獻；但才短短數年，個人及環境因素讓計畫改變了。

再如微軟創辦人比爾．蓋茲（Bill Gates），年紀還很輕就交棒、退休了，想去從事慈善事業，相信比爾．蓋茲年輕時並沒有想到微軟會賺大錢，而且年紀輕輕就可以退休，過自己想過的生活。

人的遭遇並不是可以事先預料的。不同的時空背景，往往會產生不同的人生價值，因此「生涯規畫」常常不可靠。比如我年初就會排好全年的行事曆，但往往會因一些變數，必須更改行程及計畫，這些並不是僵硬不變的。佛家所說「隨順因緣、掌握因緣、創造因緣」，就是這個道理。

「隨順因緣」是說若因緣出現，可以讓你成長、發展，那就應該隨著因緣去努力完成；這些事如果有五、六成情況是你可以接受，且有利社會，就應把握機會，放手去做，這就是「掌握因緣」了。

至於「創造因緣」，因緣初始可能是不起眼的小事，但可以用種種資源來培養因緣。比如本來是個小公司，可以藉著因緣而成了大公司，很多的企業家都是如此成長的。

我們無法清楚自己能活到什麼時候，又如何能清楚規畫人生呢？如果只規畫活到六十歲，是不是六十歲以後的人生就不管了？年輕時候有人替我算命，說我大概只能活到六十三歲，但我今年已經七十七歲了。如果我認命地以六十三歲爲終點，以後就不再積極做事，那法鼓山這個團體就無法出現了。回頭看，我有幾冊重要著作是在六十三歲以後才完成的。因爲我掌握因緣，不會放棄，所以才能完成許多理想，這是我的經驗，提供給大家參考。

懂得放下，才能自在

問

法師常勸人遇到困境時，要面對它、接受它、處理它、放下它；其中最難的是「放下」，大部分人一旦憂慮，就是時時擔心，如何才能做到「處理後就心無牽掛」呢？

答

放下，需要智慧。沒有智慧，就放不下。

有位法師在公車上讓座給一位老太太，這位老太太是跟著一位中年人、一個小孩一起上車的。這小孩是老太太的孫子，老太太就把法師讓的位子給了孫子坐。

法師心中嘀咕：「我是看妳站得不穩，才讓座的。」過了兩、三站，那三個人要下車了，老太太轉頭東張西望，不是找法師，而是找後面一位她認識的年輕人，要他過來坐孫子空出來的位子。

法師心裡想：「怎麼有這種人啊？我讓的位子，妳不坐了，應該還給我，至少跟我說聲謝謝，竟然還叫別人來坐！」這位法師對這件事耿耿於懷，十多年過去了，他還在講這個故事，這件事說明了人性自私，非常可憐，但連法師也不見得放得下。

「放下」是事情過了，就不再牽掛，不再影響到自己。

我在美國紐約的禪中心靠近拉丁區，治安不太好，有位女信徒晚上來參加打坐、聽經，就在某個轉角，兩個年輕人靠近她，一個人搶了她的皮包跑了，另一個人還對她說：「裡面有什麼東西？我去叫他送回來。」結果當然是不會送回來的。

這下子怎麼辦呢？她慌了，手足無措，只能來找我想辦法。我說：「快報警。」

「面對它」，是冷靜面對自己被搶劫的事；「接受它」，接受這樣的事就是發生了，時光無法倒轉；接下來的「處理它」，就是報警。

這位女信徒在這件事之後，再也不敢走被搶劫過的路了，有一、兩年晚間都不敢到禪中心。她覺得太危險，不能再去了；萬一又遇到歹徒就太可怕了。後來整個區域治安變好，她才又回來參加共修。

事情發生了，有智慧的作法是看清情勢，出門盡可能不帶貴重的東西，手提包也不要貴氣的。採取了必要的改變和處置，能預防的都做了，就是處理了，就應該要克服恐懼，要放下。

「放下它」，並不是從此不再處理，而是該怎麼處理就怎麼處理，盡心盡力去做，但內心不憂慮。憂慮是沒有智慧的人，懂得放下，才有智慧，才能自在。

「放下」是事情過了，就不再牽掛，不再影響到自己。

小心而不擔心

問

「台灣之光」王建民在美國職棒大聯盟的表現相當精采，身為一名投手，他的名言是「我一球一球投」，不管戰況如何，只專注當下投出的一球，聽來很有禪味。法師怎麼看呢？

答

我相信王建民是不是懂禪，說的是不是禪語，並不是那麼重要；「我一球一球投」是他身爲運動員應該有的一種心態。

我曾經在日本電視上看奧運轉播，一場游泳比賽裡，有位俄國選手是世界紀錄的保持者，在他的隔壁水道是位日本選手。抵達終點的時候，以一秒之差，這位日本選手竟然贏了俄國選手，成爲新的世界泳王。後來日本電視台訪問這位日本選手：「你知道，上次的世界冠軍就在你的隔壁水道嗎？」

這位日本選手回答：「我不知道在我旁邊的選手是誰，我沒有注意。如果我分心注意旁邊的事物，我大概會慢個兩三秒才到終點吧！我只知道全力以赴，拚了全力在水中前進，隔壁水道是誰，我並不在乎。」

這好比是人生過程，有人常是人比人氣死人；或者擔心別人表現得比自己好，所以要更努力，比別人好。但是這樣的「擔心」，使他們的努力打了折扣。自卑、嫉妒、憂慮、患得患失，都變成了人要往前進時的阻礙。如果心中有罣礙，要變成第一也難。

所謂「禪」，就是放下當下的自我中心。自我並不重要，重要的是活下去。實實在在地活下去，一步一腳印地走，不是猶猶豫豫地東張西望；也不是沒有目標地亂走，而是認定一個方向，放下自我與利害得失，努力衝刺。

許多人注意王建民的每一場比賽，每一次投球，大家都對他有很高的期待。我們可以期待他每一場都勝投，不斷創造新的紀錄，但是他自己不能有這樣的期待。如果每次投球都擔心結果，反而容易失誤。

有位哥倫比亞大學教授說，她高中騎單車，在小路上遠遠來了位孕婦。她心想千萬別撞到孕婦，心裡一緊張，偏偏就眞的撞上了。她告訴我：「在那當下，騎車就騎車，千萬不能想太多。這好像也是禪呢！」

禪是一心無二用的，當下該做什麼就全心去做，不偷懶，也不擔心，可以做到什麼程度就做到什麼程度。大家在生活、工作中，也是如此，做好當下的事，小心而不擔心，才能從容自在。

禪是一心無二用的，當下該做什麼就全心去做，不偷懶，也不擔心，可以做到什麼程度就做到什麼程度。

睡前放空自己

問

古代有位高僧曾說：「吃飯時吃飯，睡覺時睡覺。」頗有深意。但現代人常常忙得吃不定時，更痛苦的是該睡時睡不著。由於許多人有失眠毛病，安眠藥因此很暢銷。法師有何安眠心法？

答

「吃飯時吃飯，睡覺時睡覺」是修行的態度，也是生活的態度。生活就是修行。提到「禪修」，很多人當它是神祕主義，或者像印度的瑜伽一樣，要盤坐、練氣，收攝身心。其實，禪是不拘形式的，禪就在日常生活中，所以「吃」與「睡」都是修行。

但在忙碌的現代，很多人該吃的時候不吃，忙著開會、聊天、看報告，就算邊看邊吃，也是食不知味。該睡覺的時候又是胡思亂想，還放不下白天的事，擔心明天的事，大腦無法停下來，就算睡著，也睡得不熟，醒來還是非常疲倦。

這樣，該吃的時候不好好吃，該睡的時候不好好睡，這就不是修行了。就算塡飽了肚子，卻不知道吃進去的是什麼滋味；就算睡在床上，卻是多思多慮，完全得不到放鬆，這覺是白睡了。

無法好好睡，是現代用腦工作的白領階級的通病。要擔心、在意、憂慮的事情太多；有人失眠，還有人有憂鬱症。所以，要能睡覺時好好睡覺，必須先找出原因，找出自己憂慮的癥結，解決它，該去看醫師就要去，並且按時服藥。

在修行者來說，睡覺前會把自己放空、放鬆。可以先洗個熱水澡，之後打坐，讓身體肌肉舒緩鬆弛，腦子的運作步調也跟著慢下來，盡量什麼都不要想。上床的時候，練習體驗自己的呼吸，感覺每一次呼氣、每一次吸氣；如果心裡還是七上八下，就可以數息，從一到十，一進一出算一次，一直數到十。大半還不到十，就會睡著了。有人失眠就數羊，一隻羊、兩隻羊……，我建議不如數自己的呼吸；羊跑掉了，就回到自己的呼吸，把身體放鬆。

改變睡覺姿勢，也會對改善失眠有幫助。如果是短暫的休息，例如中午午睡，就仰睡；若是夜晚睡眠，就右側睡，不會壓迫到心臟，這樣有助於睡眠品質。

「吃飯時吃飯，睡覺時睡覺」是修行的態度，也是生活的態度。

整形能轉運嗎？

問

整形美容在台灣很風行，甚至有母親送給女兒的生日禮物，就是一對雙眼皮，或一個高鼻粱；還有人為了「開運」、面相去整形，削顴骨、填額頭等。如果大家都在臉上動刀美容，豈不都不是以「真面目」相見了？

答

整形首要關切的是「健康」，包括心理的健康和身體的健康。如果整形手術在身體上沒有後遺症，而且對增強人的自信心又是加分，那麼去整形，也沒什麼不好。

不過，在我看來，內心的平靜和智慧就是美；如果光把臉孔整得好，不見得就是美。我相信「相隨心轉」，如果心不快樂，常常痛苦、怨恨、傲慢，臉孔就算整成像模特兒「林志玲」一樣美貌，也還是不好看的。

在我的認知裡，樸實、眞誠、友善、有智慧的臉，一定美的，母親生你如何都不是問題。比如說，達賴喇嘛的臉很眞誠、友善，因此任何人一見到他，就感覺很可愛、很歡喜、很好看。

我不反對整形，但主張父母不要讓孩子覺得自己的臉孔見不得人，一定要整形才行；如果整了形，自己的性格、想法沒有改變，那麼整形是沒有作用的。這樣的整形，就像買個面具戴在臉上；但面具可以脫掉，整形卻脫不下。

至於爲了改運、面相原因而整形，像是凶痣、鼻梁低、顴骨高這些，可就不大準了。看看高官富賈的長相就知道了，有許多人就是奇奇怪怪的長相，就連大學問家，也不一定是白面書生的相貌。

有個年輕人諸事不順，所有算命師都說他臉上的痣不好，眼皮也要修一下。他就照做了，大家都說，他一定要轉運了。結果呢？他的性格、福報都沒變，命運怎麼會變呢？就好比「要把沙煮成芝麻」是個笑話，有可能把沙染一下顏色，就能假裝是芝麻了嗎？那是不可能的事，沙仍是沙呀！

內心的平靜和智慧就是美。

恐怖的愛

問

有的人和情人分手，會帶著刀子去談判，想要殺人：「既然我不能得到妳，也不讓別人得到妳。」愛情怎麼會變成這樣恐怖？為什麼談戀愛變成這麼高風險？原來很美的事，都不美了。

答

有一個中國男孩，愛著一個美國女孩。但是女方父母反對他們交往，希望兩人分開。男孩知道以後很痛苦，也很氣憤，跟我說要報復女孩的父母。

後來女孩也找我。我就告訴女孩，讓事情緩一緩，不要急著分開，先安慰男生說，如果父母的態度轉變了，還有可能在一起。最後男孩傷心地離開了，幸好沒有發生報復的悲劇。

面對情人要分手，萬一對方不捨得，怎麼辦？首先，要忍耐一段時間，暫時還是在一起，不要再交其他男、女朋友；兩個人都維持正常工作、參與社交圈，讓時間把感情淡化。當對方覺得愛情不夠味了，自然想走開，但如果一開始直說：「我不喜歡你，要分手。」反而有危險。

有人認爲對於情人分手，應該「勸合不勸離」，但這不一定，要看危險程度。如果「合」有危險，就要分；如果「分」也有危險，就暫時不要分。保護自己的安全，永遠是第一要考慮的事。單純的戀愛，本身沒有風險，是存心不正確或是盲目的戀愛，才有風險。

愛情要有理性，兩個人相戀，要爲自己和對方著想，包括兩人彼此未來的幸福、相互的成長，也要考慮彼此的關係人，包括親屬家人、社會關係等。談戀愛如果都不考慮這些，就是盲目的戀愛，是很危險的陷阱。君子之交，其淡如水；男女爲了結婚、彼此照顧而談戀愛，上床夫妻、下床益友，兩人互相照顧，是安全的戀愛。男女如果只是爲了佔有彼此的愛而談戀愛，會有問題的。

有位先生經常請朋友到家裡聚會，因此太太常要煮飯請客人吃。但客人中有一個未婚女孩，人長得很漂亮，太太每次看到女孩來，一面做菜一面恨在心裡：「爲什麼老請她來？」後來太太弄清楚，女孩只是先生研究學問的朋友，並沒有談論感情的問題，她還爲自己的生氣感到後悔。

愛情不能要求擁有彼此的全部，要尊重彼此的理想，也要包容各自擁有同性、異性的朋友，並且維持正常社交。

愛情不能要求擁有彼此的全部，要尊重彼此的理想。

愛情不是人生的唯一

問

有人談戀愛如膠似漆，恨不得一天二十四小時都在一起。但是要分手了，卻恨不得殺死對方。為什麼會由愛生恨呢？

答

很多年輕人把愛情看得比什麼都重要，因爲他的生命中沒有任何其他的使命、目標和理想。只要抓到一樣東西，例如感情，就當作生命的全部。

這種人談起戀愛，通常很熱情，不論女孩或男孩，都會愛得死去活來、用情極深。但是這樣沒有人生使命和理想的人，你會喜歡嗎？這樣的人生並不可取。

人的生命有很多目的，愛情是其中一部分，不能是全部。人的生命需要愛情滋潤，但把愛情當成生命的全部，就變成了賈寶玉，非常多情但沒有理想、沒有未來。如果和這種人交往，在論及婚嫁時，都要仔細思考一下，以免婚後後悔。

有一對男女朋友，男孩子是敘利亞人、女孩子是義大利人，都很嬉皮，離開父母獨立生活；他們一起來找我學佛，我問他們平常都在做什麼？有沒有讀書？他們告訴我：「我們的使命就是兩人相愛，要愛一輩子，這樣就夠了。」

他們看起來還算體面，但過著像流浪漢的生活，不工作、沒有住的地方，公園、車站都是睡覺的地方。需要錢，就去幫人家做點小差事賺零錢，例如看店、搬東西之類。愛情是他們全部的生活，只要相守在一起就好，多甜蜜啊！

他們來聽佛法，我就說：「有愛情固然很好，但是除了愛情，人生應該還有其他的使命和目標，你們也有些空虛和不足吧？不然怎麼會來找我學佛法？」

我建議他們，找個工作，安定下來，即使兼職也好，愛情可以維持更久。現在兩個人都是我的弟子，住在紐約，一位是英文老師，一位在華爾街從事證券交易工作。

二十多年了，兩個人到目前還生活、相愛在一起。

所以我說，愛情不是人生的唯一。人會相愛結婚，是爲了延續後代生命；但是只有愛情的人生，是沒有前途的。至於出家人，則已經將愛情轉化成慈悲，從對一個人的愛，轉移成爲對眾生的大愛了。

人的生命有很多目的，愛情是其中一部分，不能是全部。

不要被愛情沖昏了頭

問

要認識一個人的真實面目，好像愈來愈不容易，有個女孩子與男朋友交往七年，在訂婚那天，男友跑了，才發現他早就結過婚了。請問法師，該如何培養識人之明？

答

我們從小就聽過「知人、知面、不知心」，還有「反覆無常」、「陰沉險惡」等形容詞，都是指我們很難眞正看穿別人是否眞誠。報導中，這個女孩子與男友相戀七年，直到訂婚時，男孩子不敢出席，才發現對方已婚。這種事情，古今中外時常可見。結婚多年的人，不願離開元配，又在外交女朋友，雖能享一時的齊人之福，卻有苦果等著他。

我看過一個男人，帶著太太與女朋友見面，還可偷天換日、天衣無縫。他先介紹太太給女朋友認識，並說成「遠房親戚」，太太雖然覺得奇怪，私下問他：「爲何介紹成遠房親戚？」他故作頑皮的說：「只是開玩笑！」太太很愛先生，沒有進一步追問，女朋友則誤信他說的「親戚」關係，男人利用甜言蜜語把兩人騙了。

然而，一旦東窗事發，整個家也完蛋了。像那對交往七年的情侶，眞相掀開後，女朋友、太太都會找他算帳，不會有好日子過。福禍相倚，因果跟著來。

女孩子容易上當，一方面是用情太深，另一方面是男孩子手段高明，那該怎麼辦呢？女孩子與異性交往，只要保持清醒和距離，一定可以從許多蛛絲馬跡中看出端倪。

二十多年前，我遇到一對青年男女，女孩子在台北開一家咖啡店，男友則是在台灣做生意的馬來西亞人。男友從馬來西亞來台時，都會住在女孩子家，但住沒幾天就出門，過了幾天才回來。如此交往一、兩年，女孩子開始追問何時結婚，男友都以要等事業上軌道作藉口拖延，直到三年多以後，他才在女孩子苦苦哀求下，說出已在馬來西亞結過婚的事實。

女孩子傷痛至極的來看我，我說：「阿彌陀佛，這種人還值得妳去愛嗎？這個人是大騙子，趕快把情斷了吧！」女孩子則說：「他是個好人。」我說：「如果是好人，會騙妳感情長達三年之久嗎？妳要趕快放下，否則會愈來愈痛苦。」女孩子聽勸後，把店關了、搬了家，不讓男友找到她，才慢慢走出情傷重新生活。

迷戀中的人不會懷疑對方，唯有讓自我不要陷入迷戀之中，才不會被愛情沖昏了頭。

唯有讓自我不要陷入迷戀之中，才不會被愛情沖昏了頭。

有條件的愛太辛苦

問

為什麼相愛的人，反而會相互傷害？

答

人的恩怨瞋愛都是並行的；如果只有愛，沒有其他的情緒，就不是普通人了。一般的人，愈是對愛的執著太深、太強，就會愈希望對方完全符合自己的理想，變成自己夢想中的那個人；但是，自己卻不一定會變成對方夢想中的人，只會單方向地要求對方服從自己的理想。只有單純的愛而沒有衝突、沒有恨，這樣的愛，大概是少數；或者，只有父母對自己的孩子能夠有這種不求回報的愛。

在男女關係中，有愛、有恨，就算是愛的時候，爲對方無條件犧牲的人，都不見得是眞正地爲了對方著想，反而是一種「投資」；也就是說，以自己的犧牲來換取對方的愛，換取什麼呢？換取對方言語上的承諾、安慰，或者具體行動的展現。

舉例來說，對方接受了你的愛，就該拿什麼回報呢？一聲謝謝，或是行動上與你配合，聽從你的意願；或是以身體作爲回報。這樣有條件、要求回報的愛，都是愛得太辛苦；有了期待，也就難免衝突，當對方的表現不如你的期待，難免抱怨或責怪，也就會互相傷害。

這樣有所求的愛，引來的痛苦，有各種不同的表現方式，比如嫉妒、疑心、佔有心，想要佔有對方的一切：人、時間、行動，甚至是對方的思想，「一切以我爲中心」，或是「只能依照我的方式，不能有別的想法」。這樣，被愛的人會快樂嗎？

這樣的愛，是禁錮的愛。輕微些的，希望對方重視自己，所以付出愛，期待著愛的回報，可能雙方相安無事。但是，兩個成長背景、性格、教育程度都有差異的人，怎麼可能事事相同？

因此，爲了討對方歡心，所以要施恩於他，送禮物、邀約出遊、投其所好，滿足對方的需求。有位先生在婚前爲了展現愛意，告訴女朋友：「婚後家事都由我來做，妳不必動手。」結婚之後，丈夫要上班又要做家事，太太果眞一動也不動。丈夫開始抱怨，太太說：「誰叫你以前這樣承諾呢？現在一定是你不愛我了。」兩人於是變成怨偶。

明明相愛，但要求對方照著自己的意思去做；對方做不到，愛也就打了折扣，或者互相傷害。如果對愛付出，而沒有任何條件，也不求回報，還能夠相互包容，這樣的愛，才能不受傷害。

如果對愛付出，而沒有任何條件，也不求回報，還能夠相互包容，這樣的愛，才能不受傷害。

別玩劈腿遊戲

問

劈腿族是愛情國度新名詞，以前叫腳踏兩條船，但現在船不只兩條，有些人還可以同時和許多人交往，腳下踏的「船」，多到可以組艦隊。法師對劈腿族有何建議呢？

答

愛情不專一會有問題。在同一個時間有兩個以上的親密朋友，不論男女，都容易出問題。因爲愛情的特性是獨佔的，如果同時與多人交往，這是「亂愛」、炫耀，不是眞感情。

談感情不專心，就像在「玩」感情，不是眞愛；眞正的愛是不容許同時愛兩個人的。如果既愛這個，又愛那個，都很親密，這樣危險性太大了，就像步入危險區，隨時都可能出問題。

二十多年前，有個女孩子同時愛上三個男孩子，三個人都向她求婚，也各有所長，她不知道到底要嫁誰好，於是來問我。

她說：「法師，我本來要到廟裡求籤的，問說到底該嫁哪一個；現在來請教您，哪一個男孩子比較好？」

我說：「妳帶他們來見我，一個一個來。」

隔天，她果然帶了一個男孩子來。我告訴她：「妳就嫁這個吧！」我問那個男孩子：「你是眞心愛她嗎？」他說：「是。」我說：「那你們就準備結婚吧！」

女孩子一聽急了，問我：「那還有兩個呀！師父還沒有見過呢！」我說：「妳就告訴他們，妳已經答應別人的求婚了。」

他們果眞結婚，現在孩子都上大學了。

爲什麼我會這樣決定呢？她要上廟抽籤，如果沒有我，她自己做三個籤，丟一丟，也會有一個結果；但我決定這個男孩子，是因爲她第一個帶他來，應該是最愛這個男孩子的；或者其他兩個男孩子沒有辦法第一天就過來，那也就是因緣不具足。

最好不要當劈腿族，但如果你不幸不小心成爲對方劈腿下的「一艘小船」，最好要懂得退出，不要跟著玩感情遊戲。

可以直接對劈腿的情人說：「我只愛你一個人，也希望你只愛我一個。在第三者和我之間，請你做個選擇。」如果對方無法選擇，你就得忍痛退出，長痛不如短痛，因爲多角戀情是危險關係。

既然你有愛人的條件，何不等待更優秀的下一個對象呢？

談感情不專心，就像在「玩」感情，不是真愛。

非結婚不可嗎？

問

台灣人愈來愈晚婚，甚至不婚。父母急著為三十好幾的女兒、兒子作媒，就怕兒女老了沒有後代照顧。但也有人說，早就養兒不防老了，只要自己過得好，何必結婚呢？人生非結婚不可嗎？

答

隨著時代的改變，年輕人愈來愈怕結婚。看起來，怕結婚的原因是太麻煩了。萬一要分手，結婚雙方在財產、法律、家屬上的問題，都比沒婚約只同居的人麻煩，所以乾脆不結婚了。

如此一來，男女之間好像更自由，似乎彼此誰都不要控制誰、誰也不需要負擔誰的責任。但是這些新的作法，看在老一輩父母的眼中很不習慣。在父母的年代，一般人多半會結婚；因爲老人家要抱孫子，自己死了，還有子孫可上墳。這是上一代父母的想法。年輕人不再在乎家族香火是不是有人繼嗣，他們不在乎家族，而是在乎自己的感受。不結婚到底好不好，要由心理上、生理上、生活上、精神上各個層面去思考。

我常說，人生對於伴侶的需求，可以分幾階段來看。青年男女談戀愛，是找情感上的伴侶；結婚之後，開始生兒育女，這時生理伴侶的角色就相對明顯，當然也有生活上的扶持。

到了中年，兒女漸長，男女之間更是生活伴侶，一起解決家庭問題；到了老年，老伴是精神伴侶，老了，還有人可以說說話，互相照顧。爲了填補人生過程的孤獨、寂寞、還有無奈等情緒，人是需要伴侶的。

在我留學期間，有個朋友常常待在咖啡館，喝茶看書；朋友都走了，他還不回家。爲什麼呢？他說，有人的地方才算是家。在咖啡館還可以看到人，回到住的地方，只是堆書的「圖書室」；沒有人的地方，不算是家，所以他寧願晚些回去。

如果一個人不屬於任何家庭、任何群體，當然覺得孤獨。法鼓山有不少信眾沒有結婚，但是他們不孤獨，因爲他們有修行的伴侶。如果人生四階段的需求，可以在婚姻之外找到，不結婚當然也是可以的。

晚婚、不婚成了趨勢，社會也要留一些空間給他們。不選擇傳統婚姻和家庭的人，要找到自己的歸屬感。有些老人家把貓狗當成家人，把動物當成生活上的伴侶，動物伴侶需要他、圍繞他，讓他們因此有了情感寄託。

其實，人還是愚癡啊！結婚一輩子，人老了，兩口之中總有一人先走，人總還是會有孤單的一天。

不選擇傳統婚姻和家庭的人，要找到自己的歸屬感。

賺錢的福報

問

許多理財專家説，要準備幾千萬元才夠養老；又説，年輕人立志要過「一億人生」。但是這些標準，讓人壓力很大，畢竟不是每個人都能賺到這麼多錢的。法師怎麼看呢？

答

一切向錢看，這是我們這個時代的通病，一種不健康的風氣。每個人都要體認到：錢並不能代表自己的快樂、幸福、安全、健康或人格。財富多少只是一個數字，是虛幻的安全感；人眞正需要的安全感，並不一定能由金錢中得到，比如：幸福、快樂、眞愛、敬重。

如果把人生重要的目標，定位在追求「一億人生」，那就好像是在賽狗跑道上，追逐那隻電動的兔子，它永遠跑得比賽狗快，賽狗再怎麼努力，終會發現兔子是永遠追不上的目標，除非這場比賽停止。

但我們想想：就算賽狗眞的追上了那隻電動兔子，又會如何呢？那是一隻假的兔子，又不能吃，追上了又怎麼樣呢？

人們追逐龐大的財富，追逐存款簿上的天文數字，就像賽狗追那隻電動假兔一樣好笑。你拚命工作、拚命投資、拚命理財，也許達到幾百萬或者幾千萬元，幸運的，或者眞的有了「一億人生」，但是這樣的人有多少呢？他們眞的都很快樂嗎？

我年輕的時候有個好朋友，他天天看邱永漢的經營、理財的書。他興致勃勃地告訴我：只要門道抓對，就可以眞的賺大錢。「你做和尚，我來賺錢，未來我支助你建道場。弘法利生，包在我身上。」他這樣告訴我。

現在，四十年過去了，我已經是個老僧，他也是個年近八十的老漢了。但是，邱永漢仍然是有錢的經營家，我的朋友卻仍然沒有成爲富豪，理了大半輩子的財，仍然只夠養家活口。

我最近問他：「你賺多少錢啦？」

他說：「錢找人容易，人找錢困難。錢滾錢容易，手賺錢很難。」萬事起頭難，你得先有機會，或者先有很多錢，才能夠錢生錢、錢滾錢。

爲什麼會這樣？因爲人有福報，你是不是有能力賺錢，還得有相對的資源來配合；如果沒有，財神爺在你門口走過，你也只能乾瞪眼。與其立志賺一億，不如發願：盡一生心力，奉獻社會，救苦救難。這樣的願望，是有錢、沒錢都能達成的，而且包管你快樂又幸福。

我並不是說，錢不重要，而是人要認清什麼是人生眞正重要的，不要花了一生的時間，其實只在追逐一隻無關緊要的電動假兔子而已。

財富多少只是一個數字，是虛幻的安全感；人真正需要的安全感，並不一定能由金錢中得到。

辦公室的溝通智慧

問

在紛亂的環境中，如何把心靜下來？假使辦公室裡突然有人出言不遜，冒犯了您，這時該怎麼回應？

答

我們首先要理解，環境永遠是混亂與變動的。那什麼是不混亂呢？只要變動是有秩序的、有規則的，就不算是混亂了。「亂」不容易避免，能化解「亂」就是智慧。

最近有位弟子開會時和人吵架，我勸他：「既爲修行人，何必與人爭吵呢？」他馬上說：「對不起，是我控制不住情緒。」但他又說：「我並不想吵架，是對方一再撩撥，我就脫口而出，回話過去了。」

我說：「我們修行人不應有這樣的情緒表現。」他再三道歉。如果他不是修行之人，也許會不服氣地反駁：「吵架不是我的問題，師父應糾正的是對方，不是我。」

辦公室並不是天堂、佛國，或者是一個烏托邦的幻想環境，我們必須清楚，只要有人、有事，就很難事事如意。只要有這樣的體認，就不會受混亂影響，甚至能處理混亂。

西元二千年，我參加了在聯合國總部舉行的世界宗教領袖高峰會議，世界各國有幾千人參與，有一個場次是自由發言，主席要大家舉手取得發言權，但許多人早就衝上台，場面非常混亂。主席就說：「我們是宗教領袖，請展現謙讓。」這些宗教領袖趕緊回到座位坐下來。大家原先只想爭發言，造成了「亂」；主席適時利用智慧，讓「亂」平息。

我們在工作環境，常會遇到出言不遜的人，理直氣壯地糾正你，或是要讓大家知道他受了委屈。此時，不要和他直接衝突，以免受到更多傷害和委屈。可以請你的上司或同事向他勸說，不妨坐下來慢慢談，若有人做錯了，可以改進，沒有必要大聲爭執。如果能夠這樣做，相信事情多半能化解。

如果是主管常在辦公室出言不遜，相信老闆不會喜歡這樣的主管的。如果他是老闆，公司經營一定會出問題，當下屬的人可以選擇離職；如果無法辭去工作，而老闆又常常罵人，只好調整心念：「我要的是這份工作，他喜歡罵人，那就讓他罵吧！」

但如果處處想要向老闆討回公道，追回尊嚴，不但讓自己日子過得不快樂，也讓問題更雪上加霜了。

「亂」不容易避免，能化解「亂」就是智慧。

讓人人都有飯吃

問

法師提過「道心之中有衣食」，可以再給我們解釋嗎？學生選擇科系時，是要選擇飯碗有保障、有衣食的科系，或是憑自己興趣選擇冷門科系呢？

答

許多人會選擇衣食無憂的科系，父母也希望子女選擇容易成名、發財的科系，因為自己窮了一輩子，希望兒女不要再像自己一樣一輩子不得意。但有了名位權力就會快樂嗎？

事實上，地位高、財富多、權勢大、有名望者，造的業往往更大；雖不一定是惡業，但對自己來說，卻是一種包袱、壓力，往往被這些東西包圍著，失去了自主的能力，失去做人的基本價值。因此，從過去到現在，許多的思想家都不鼓勵人鑽營謀利，而是鼓勵追求幸福的人生。

在佛教來說，要有利益眾生的心，要有救濟眾生苦難的抱負。從小發大願心，不計較金錢與名望，才不會受名利所困，可以追求自己的潛能發揮，就算不是名利雙收，至少衣食無虞，人生沒有白過。就如同到災區服務的人，他們不會沒飯吃、不會缺衣穿的。雖然在災區工作很辛苦，但卻很有價值，不是嗎？

許多人只想到自己享福，沒有想到叫他人享福，只設法讓自己的福報更大、更多。只在乎自己的飯碗，往往讓許多人沒飯吃。這種飯碗一定不保險，因爲別人也會來和你搶飯碗。如果可以讓大家都有飯吃，努力找飯給大家吃，自己也不會餓死。

我們應從小就要立志利他，讓沒有飯吃的人都能有飯吃，沒有得到醫療照顧者都能獲得醫療照顧，沒有安全保障者都能獲得安全保障。爲奉獻而充實自己，自己的成就最大，貢獻也最大。許多人只想先搶一個飯碗再說，卻沒想到飯碗搶破了，還是一無所有。

科系的冷門或熱門，只是一時的現象。現在的冷門科系，也許一、兩年後就變成熱門，因爲世界變化太大了，很難說哪一科系熱門或冷門，而是要問自己是不是對這門學科有興趣、願意投入？只要願意投入，無論是冷門或熱門，都能開花結果，有好成績；目前還有些學生會尋求雙學位，讓志趣更廣一些，這也是很好的自我成長方式。

只要願意投入，無論是冷門或熱門，都能開花結果，有好成績。

忙人時間最多

問

現代社會生活步調快速，電腦、網路、手機等現代科技，有時反而增加人們的工作負荷，因為不論何時何地，都可以工作，也必須工作。法師常說「忙人時間最多」，可以談談其中的祕訣嗎？如何在忙碌中保持悠閒的心呢？

答

工業革命以後，機器能大量生產，取代了人工，一時之間就有許多人失業，工作都被機器搶走了。漸漸地，機器愈來愈精密，產能愈來愈良好，社會的物質文明也愈進步，人類的生活環境也變得更好，衣食住行的方便性都提昇了。

人類的欲望，是無止境的。當物質條件變得豐富後，就開始追求另一個境界，有時並不是物質需要不滿足，而是要更多、更好；人變得富有了，就要求滿足感和成就感，我有新的發明，別人也有更好的創新；地球看夠了，就要上月球；月球去過了，就上火星、金星，征服外太空。這樣的狂想，是永遠不會滿足的。

就算未來有了「太空旅行」，可以讓人遊歷好幾個星系，也不管造太空船、火箭要花多少錢、花多少人力物力，總會有人去追求的；接下來，就煩惱時間不夠了，拚命競爭。

人也不斷跟自己競爭，今天要比昨天更好、今年要比去年更好。公司創立了，就要拚股票上市、上櫃；公司股票上市、上櫃了，就要拚合併，不斷追求更大的公司，不但要當「台灣第一」，還要追求「世界第一」。一連串的競爭與追求，只是讓自己忙碌，沒有一刻得閒。

雖然電腦、網路、通訊科技等，讓人做事更方便、更有效率，但沒有用的。因爲人類會不斷給自己更多任務、更多追求的目標，新工具的出現，並沒有讓人省下力氣。

在競爭、忙碌的生活中，規畫自己的時間、工作十分重要。只有好好規畫，時間才能有意義的發揮；如果不計畫，白白讓時間過去，這叫蹉跎歲月。

大家最好仔細想想，每天可做多少件事。許多人平常喊著好忙、好忙，但假日時，一睡就睡到九點，懶懶地起床，看一下報紙，兩個小時一下子過去；然後吃午飯、睡午覺、上網，下午就過去了。或者逛街、喝茶，此時已經晚上了。再看一下電視、上網，又是晚上一、兩點，該睡了，明早又要趕上班。因此，有了新科技，人們不是利用科技讓自己時間變多，而是沉迷在新科技裡，把自己弄得很忙、很累，把時間都浪費了。

曾有一個西方名人說過，若有事要快速完成，最好找忙人來做。我一年到頭是沒有週末、沒有假日的。但是我的時間好像比許多人還多，而且多很多，同樣的時間，我能做很多事，因爲我能把握時間、規畫時間，做該做的事。

心定就做事不亂

問

現在常見的工作環境是，電腦螢幕同時開了好幾個視窗，打報告又收電子郵件，一邊接手機，眼睛還要看著新傳進來的訊息。一心數用常是混亂無效率，好像很忙卻是一事無成。該如何尋回專注力呢？

答

開國元勳胡漢民的傳記中記載，他是大忙人，有一次朋友拜訪他，胡漢民一面接待訪客，一面起草寫稿子，還用一隻腳在推著搖籃哄小孩。胡漢民「一心三用」且有條不紊，訪客看了非常驚訝，問胡漢民怎麼做到的？胡漢民說：「好好做就可以了。」

每個人一天都是二十四小時，要吃飯、睡覺，做很多事。通常我們都認爲一個人一個時間只能做一樣事，不可能同時做好幾件事，事實上，只要好好練習，善加規畫時間，可以同時做很多事。

就以我個人來說，如果有好幾件事要同時處理時，我會把「自我中心、自我立場、自我價值觀」全部擺下，積極面對，就能做得快且不會出錯。我常面對厚厚一疊公文，每件公文都親自看，且要當下判斷簽批，在那同時又得開會，開會時還有電話要接。同時應付這麼多事，怎麼辦呢？

我的作法是，開會時，只對會議最後決議做判斷，會議過程一面看公文、一面聽聽大家的意見，甚至可以接聽電話，忙卻心不亂，決策也不會出差錯。

禪宗有一個公案，老禪師被弟子問起：「師父，如果千千萬萬種景象同時在您面前出現，要如何處理？」老禪師說：「黑的不是白的、紅的不是藍的，是什麼就是什麼，我不在裡頭。」

老禪師的意思就是，我既不黑，也非白、紅、藍，它們是什麼就是什麼，不必受其困擾，保持自我的清明；不論眼前訊息多混亂，心中都是保持原有樣貌，就會很容易處理問題。當然，要達到這種境界，是需要訓練的。平常就要訓練處理自我情緒，淡化自我。看淡自己後，做任何事情，就不會瞻前顧後、思前想後、難捨難取，一切的優先順序變得很清楚，也就不會混亂了。

相反地，如果不能看淡自我，同一時間處理許多樣事情時，往往許多人事會混雜在一起，就像電腦的亂碼一般，理不出頭緒，事倍功半。許多政治家、企業家、宗教家都是因心定而不亂，做起事來事半功倍，而邁向成功之路。

把「自我中心、自我立場、自我價值觀」全部擺下，積極面對，就能做得快且不會出錯。

穩重不是無能

問

上班族必須聽命於老闆、上司，但如果你覺得老闆並不高明，心裡罵他「豬頭」，對他的意見卻還點頭稱是，那不是很虛偽嗎？

答

人生有許多事，是不服氣也得服氣呀！不必偷罵老闆，但你也可以有其他的選擇。孔子說：「危邦不入，亂邦不居。」他懂得明哲保身，也不輕易爲昏庸的君王所用。所以，如果組織的領導人太無能、太腐敗，看起來眞是沒有希望了，這時如果你能夠向更高層的人反應，就努力試試，看能不能改變現狀，也許這正是調整組織的好機會。

反過來想，或許主管堅持你看來並不高明的決策，那是因爲他看到你並沒有看到的層面，他自有道理。可以退一步想想，是不是有這樣的可能？

另一種想法是，或者你眞的看出主管的無能爲力，看出唯唯諾諾的做事方式，並不適合你的性情，這樣的組織再留下去也沒有希望，就看你有多需要這份工作，否則大可另找可棲的良枝。

有時候，我覺得現代人工作的流動率太大了。個人意識太強，一點不稱心如意，就拍拍屁股走人，一點都不給自己或對方留轉圜餘地。有人一年換好幾個工作，這樣對人生的歷練並不好。

如果你的工作，可以讓你學到經驗，你不妨安定地做一段時間，累積一點經驗，在不完美的工作環境裡，試試自己有多少能耐，能夠扭轉情勢，眞的勢不可爲了，再決定換另一個工作，這樣可能是比較負責任的作法。

否則，當你再去找新的工作，拿出履歷表時，若是一年到頭都在換工作，別人可能對你會不太放心，覺得你的穩定度不夠，擔心會不會只要有壓力，又立刻跑掉？會不會大的任務，就不能交給你？薪水也不敢給你太高的承諾。

當你的主管一點都不含糊，而是十分精明，事事都想得比你遠、看得比你清楚，點子多、反應快，那在他的眼裡，你也可能成了「低能屬下」了，或許那個時候，你更痛苦呢！因爲永遠跟不上主管的變化。也或者，主管的反應是因爲他必須聽命更高層的決定，但在下位的人看不到前面的決定，反而誤會了主管，讓他枉做「豬頭」。

有時，主管的「穩重」，並不是「無能」，不妨試著去欣賞他的優點。畢竟訓練自己的適應力，是職場的必修課。

在不完美的工作環境裡，試試自己有多少能耐，能夠扭轉情勢。

把弱者變強棒

問

在一個團體裡，有些人付出比較多，有些人似乎是依賴者。如何能讓落後、偷懶的成員趕上，變成付出者，也成為團體中的強棒呢？

答

依賴者與付出者，看似兩種類型的人；但換個任務，原本的依賴者卻可能變成付出者，兩種角色可能在同一人身上出現。

比如說：某個人可能因工作興趣，以及工作熱忱和理想、目標，會在工作上全力以赴，盡心付出；但遇到人事與同事相處問題上，可能就會變得很被動，反而成為依賴者。

因此，依賴與付出並不是一成不變。做為領導者或負責人，應該隨時對於多付出的人給予鼓勵、嘉許。對於依賴者，要瞭解造成依賴的眞正原因，如果只是一時無法適應，只要狀況改善，就可能從依賴者變成主導者了。

不過，社會上也有一些人從小就依賴別人，不願意付出。這些人也許天生資質較弱，自信心不足，從小到大已習慣依賴別人，做事都是被動的，缺乏積極性。

對於這種個性消極的人，必須要用耐心改變他的習性、觀念，以及對事、對人、對己的態度。要告訴他眾生平等，任何眾生都有機會成佛，但成佛是要靠不斷的努力、修行；所謂的修行，就是修正我們的身心、思想及語言行爲，不斷的修正、精進，就能成佛。

如果做人抱持得過且過的態度，一輩子這樣過，兩輩子、三輩子也都是這樣過，那人生就白白浪費，距離成佛之路，就會愈來愈遠。

我們團體裡也有非常被動的人，但畢竟是少數；而且大部分經過訓練後，都能發揮己身的功能。少部分眞的無法跟上的，有時也會有人向我建議：「太難調教，不如把他開除算了！」

我說：「殺人的人還能放下屠刀、立地成佛，更何況只是疏懶？只要他們不犯大錯，慢慢建立他們的自尊心與團體責任心就可以了。」

有位出家兩、三年的弟子，經常在害病，常像隻病貓似地睡在廚房，弄得一身灰；上課、工作也時常缺席，找了半天，才發現在睡覺。像這樣的人，領導者不該趕走他，而是要協助他調養身體，把病養好。現在他對於所擔任的執事，就做得很好。

因此，對這些依賴者，不要讓他們自生自滅，而要幫助他們，讓他們走出來，成爲團體及社會有用的人。

對於依賴者，要瞭解造成依賴的真正原因，如果只是一時無法適應，只要狀況改善，就可能從依賴者變成主導者了。

遵守團體遊戲規則

問

人多意見也多，在道場裡是否也一樣呢？法師如何解決？社會上許多人除了意見不同，還各持己見，認為自己的意見才是真理，那又該如何尋求共識呢？

答

想想看，一個團體如果聘了一百位工作人員，來自不同生活背景、不同文化，有可能尋得一致性的價值觀嗎？很難。有人說，一百個人可能有一百種意見，甚至一百零一種意見。

不過，任何團體要想群策群力，一定要有「大家共同完成的目標」，這就是尋求共識的基準點。因此，任何團體在招募工作人員時，可以明白告知團體的工作目標及任務，一旦加入就要遵守團體規定和程序；如果不願接受，那就不必強求非留在這個團體不可。

唯有遵守共同的遊戲規則，在同一軌道內，才能產生共識，才能共同運作，完成任務。團體是這樣，社會也是，國家的運作更是要如此。

比如說，法鼓山力倡素食、重視環保，我們希望工作者不抽菸、不嚼檳榔、不喝酒、不吃葷等；平日垃圾要分類，盡量不製造垃圾，甚至沒有垃圾。有些民眾想到法鼓山工作，或體驗法鼓山的團體生活，我們都樂於接納。不過，他們來了以後，必須接受且實踐我們的規則。

家庭也是一樣，夫妻要有家庭共識。有一對醫師夫妻爲了教養孩子的事常爭論不休，幾近失和，孩子夾在中間不知所措。爲避免事情惡化，醫師丈夫決定妥協，讓太太負責孩子的教養，太太也很高興負起責任，盡心盡力教導孩子。

夫妻倆找出一個妥協的方法：只要大方向沒有偏離，雖然醫師有時不同意太太教導的方式，但他不再與太太爭辯，讓孩子長大後自己去判斷，從此家庭變和諧了，也更能適應對方，活得歡喜自在。

如果一群人有相近的價值觀，就容易取得共識；群體裡不同看法的人，必須有一方要能妥協和適應，接納和自己不同的理念與看法，不需要堅持一定是自己對。試著把眼光放在更遠的共同目標，不計較眼前的細節差異；或者，爲對方設身處地想一想，或許就能理解對方的想法。相互理解就是取得共識的開端。

任何團體要想群策群力，一定要有「大家共同完成的目標」，這就是尋求共識的基準點。

老人也是公司的寶

問

面對曾經有貢獻，現在卻不適任的員工，主管請他離開或調職的確很為難，要怎麼做才算有智慧、有慈悲呢？

答

一個團體無時無刻都在成長，團體的成員也隨著歲月衰老。如果這個團體永遠用同一批人，團體勢必萎縮、老化、消失。所以，一個團體必須要新陳代謝，包括：觀念、技術、產品的新陳代謝，而且需要同時進行，才有競爭力、生產力。

有人在青、中年時期，很有創造力，替公司賺很多錢。但年老之後，除了少數人能維持青、中年時期的創造與意志力，以及高工作效率，大多數人會有：「想做，卻有力不從心的無奈。」任何企業都可能遇到員工老化的問題，但不難解決，只要建立良好的退休或陞遷制度就可以了。

以法鼓山而言，會鼓勵屆齡退休者辦理退休，未屆齡者可以給予較優渥的退休金，鼓勵他們提前退休；如果不願退休，可以調整職務，讓他到比較次要的位子工作，但薪水不減少，以補償他年輕時的付出。

或者可以開闢另一個符合老年人工作的領域，讓他們發揮，但這必須看公司組織及體制上是否有新工作可供開發。有些企業，員工都換了好幾代了，流動很快，老闆卻很難退休。像台塑創辦人王永慶先生，手下的幹部一批一批都退休了，他還必須繼續工作。

公司要永續經營，組織規章、制度建構就必須建全，退休人員與新進員工聘用要有一定的比例。有了這個制度，公司或團體可以維持永遠年輕，活力充沛。

對於長期不適任的員工，公司也必須有合理的退場機制，讓不適任者退場，例如嚴格執行考績，來決定陞遷及加薪，不合格者讓他離職。一個公司，如果還有很多不適任員工，代表該公司制度不夠健全，需要重新改革。

二十來歲的年輕人，經過三十年的歲月，這些人大都五、六十歲了，已經沒有辦法像年輕人一樣，可以想辦法替他們調到較不費力的工作，安排適當位子給他們發揮所長。

老人也是寶，這些人雖然年紀大了，但二、三十年的人生經驗累積，卻是難得的生命經歷，給予彈性空間和時間，或許能對組織創造出另類價值。

事必躬親，累死自己

問

領導是門藝術。如果弟子做事不積極，讓他做不如自己動手更省事時，在這種情況下，法師會自己動手嗎？領導者追求效率，但也要有耐心教導部屬。但在效率和教導之間，又該如何拿捏呢？

答

要想帶領身邊的人落實自己的想法，且能積極做事，領導方式一定要循序漸進。帶人帶心，不能躁進。

法鼓山對弟子的訓練方式是，先讓新進人員瞭解工作的技巧、知識，也就是先教育，再實踐。這是投資，也是訓練。我們不會要求新人一來就得工作，而是先瞭解基本原則，明白制度是怎麼運作的；有疑惑時，隨時向資深的工作同仁請益。瞭解一切運作規範後，才會開始賦予他們工作和任務。

不過，新人上路，難免不夠熟練，要先預留時間、空間，讓他們成長。比如兩個小時能完成的工作，他們可能要做上兩天，因此要預留學習時間。經過幾次摸索，熟能生巧，可能就從兩天縮短爲一天、半天完成，以後也可以在兩小時內完成。有些人見到下屬工作還沒達到要求，往往急著搶下來做，這是不成功的主管。沒有耐心等待下屬成長，事必躬親，只會累死自己，成就不了大事。

我有一個弟子很聰明，說話條理清楚、做事積極，忠誠度也高，於是提拔他當中階主管，帶領兩位小主管。但這位徒弟對下屬做事非常不放心，任務交辦下去後，不到兩天就收回來自己做，每天累得半死。大夥睡覺時，他還在忙，一早大家起床了，他卻還在睡覺。

結果，他的辦公桌上公文疊得很高，做都做不完，身體也搞壞了；部屬卻閒得沒事做，只好辭職，我只得把這位主管換了。事必躬親的結果，自己分內的事沒做好，部屬的工作也被耽擱了。

我告訴這位徒弟：「你們做的事情，師父不會搶過來做；即使你們做得慢、方向做偏了，我也只請你們來談談，瞭解問題癥結，一一克服，但師父不會全拿回來自己做，否則我們團體是不會成長的。」

我對管理問題，非常重視層次，上下分工、分層負責；唯有這樣，團體才能順暢運作。看到屬下沒做好就拿回來自己做，這是很糟的領導者，這會讓部屬不能成長，也因領導者的不放心，讓部屬感覺被看輕。這些都會造成人才損失的。

沒有耐心等待下屬成長，事必躬親，只會累死自己，成就不了大事。

和競爭對手做朋友

問

現代社會壓力很大，學生考試是競爭，做生意也是競爭，辦公室也有競爭，幾乎分秒都活在競爭裡，如何排遣這些壓力呢？

答

這些壓力或競爭，看來都是外在的環境，其實都是自己給自己的。人要在高度競爭的環境中活得好，許多人說要培養「抗壓性」，但是更高明的方法，不是硬碰硬地抗拒，而是順勢化解、轉移迴避。

「抗」有對抗的意思，如果弄得不好，就會兩敗俱傷，產生後座力。所以，我主張四兩撥千斤，好像打太極拳，避重就輕，化有爲無，轉實爲虛。

要怎樣才能做到呢？壓力其實是來自於自己想爭取的，爭取不到；自己想要排除的，卻排除不了，因而取捨失據，這樣壓力就來了。所以，求不得很苦。但是，如果不去求、不去取呢？如果不正面抗拒而側身迴避呢？也就不苦了。

我的行事哲學是：已經有人做、大家搶著做的事，那我就不做；但如果是我不做就沒有人要做的、需要有人做的事，我就去做。如果迴避不了的，我就側身走過去。

還有，如果大家搶破頭都要做的事，他們沒有看出怎麼做比較好，那我就做。如果別人看了，也學我這樣做，又來搶，沒關係，就放手讓人搶去，因爲我已經又前進一步了，不用害怕有人來競爭。

所以，我一直在人少的地方開路，常常是獨自一人努力，哪會有競爭呢？這叫「自知之明」，不叫「壓力」。

舉例來說，法鼓山是最早興辦佛學研究所的，剛創辦的時候，台灣只有這麼一家佛研所；後來，許多道場也覺得，辦佛研所的確是很重要，可以培養很多佛學人才，也紛紛開辦了各式的佛研所。

國內的師生資源有限，佛研所卻愈辦愈多，我們是不是要關門呢？不用，我們可以再想別的路子——由國外多聘老師來，加強師資陣容，提高教學素質。結果，我們的佛研所既可以和國際交流，又可以跟上國際水平。

所以分享資源，並不是壞事，大家資源共享，但我們繼續往前走。競爭不一定是壓力，而是促使你向前的動力。如果你在原地不動，在同一個空間裡和別人爭有限的資源，那一定很痛苦。

我們不必非得打倒別人，自己才能站起來，而是要加強自己的能力，化解壓力。看見壓力與競爭，別當成是壓力，可以當成是轉型的機會，可以成長、突破，轉化壓力爲助力，你可以選另一條路，不必爲了競爭，和別人擠破頭。好比說，人家都在吃辣椒，你也拚命去吃嗎？不用，你可以選擇別的食物。另外選一種最適合你的食物，豈不也可吃得津津有味？

如果你在學校或辦公室裡，被別人視爲假想敵，那很正常，代表你很優秀，應該覺得快樂才是。面對視你爲競爭對手的同事，要用智慧化解，可以跟他當面談話，分享你的資源。也就是，不要把對手當做敵人，要做朋友，共享成果。

不要把對手當做敵人，要做朋友，共享成果。

面對貧窮的勇氣

問

俗話說：「由奢入儉難。」在卡債風暴之後，很多人必須盡全力償還卡債，不能再像以往奢華度日。一下子要由闊綽回到簡約，實在很難適應，要如何拋棄舊習呢？

答

一般人在習慣安逸平順的生活以後，要由奢入儉，拋棄原來的闊綽習慣，的確是很困難。《紅樓夢》裡的賈府，盛世時過得很風光，但賈府沒落了，開銷還是要照常，當家的人就很辛苦了。

面對還債壓力，首先要做到能屈能伸，不要怕丟臉，要面對它、處理它。有的人很慷慨、很豪爽，有錢時拿錢給大家用，一旦沒錢了就不知該怎麼辦？其實處理的方式很簡單，就是老實地告訴大家：「我沒錢了！」

過去有一位壽冶老法師，他是越南解放前最後一位總統楊文明將軍的師父。老和尚在越南時，非常有錢，隨時布施。越南解放後，老和尚和幾位年輕的出家人逃到美國。老和尚說：「現在到了美國，我們都沒錢了，你們身上的錢全都拿給我做爲大家的生活基金，否則就不要跟我住在一起。」老法師的作法是對的，有錢時，該慷慨就應慷慨；沒錢時，也不必硬撐面子。這就是出家人的本事了。

現在一些卡債族，沒錢了就應面對沒錢的事實，過去吃好的、穿好的、用好的，現在就不能這樣了。四十年前，曾經有位建築商帶全家人來皈依，一番心意要護持我，要建道場，我很感謝他。但半年後這位弟子突然不見了，找到後，他說不好意思見師父，因爲生意垮了，現在住在朋友的小閣樓上，一家五口一天只能夠靠一把麵過日子，既不敢見師父，也沒有辦法面對世界。

我問他：「是不是有很多債主找你？」他說：「是。」我要他面對債主，他說：「債主會逼死我。」我說：「告訴債主，逼你死是犯法的事，也拿不到錢，讓你活下去，反而有機會還錢。」後來難關度過了，他再度站起來了，他的孩子們也很有成就，有當律師的，也有當醫生的。

這位建築師的人生起落很大，但他有勇氣活下去，有勇氣面對貧窮，不放棄生命，所以走出來了。人要學習能屈能伸、能貧能富，富時不要忘了貧時的生活，貧時要忘了富時的生活，這樣一定能度過難關。

面對還債壓力，首先要做到能屈能伸，不要怕丟臉，要面對它、處理它。

先做好人際關係

問

有些人說做人比做事難。如果在職場受人冤枉，是要據理力爭，或是以和為貴呢？

答

在社會上做事，有時並不是你技術沒有問題，對事情有耐心、有熱誠、有興趣，就一定可以做成事的。因爲事與人有關係，事情都是人做成的。做一件事，要完全與其他人無關，幾乎很難，大概只有吃早餐，獨自享用一杯咖啡、一塊吐司，才能孤獨一人；或者是打坐坐在一塊蒲團上，那就不須與別人互動，只要面對自己。

很多事都是人與事相互連結的。有一位政府官員做官做得非常痛苦，他曾來找我，說：「我該怎麼辦？」我說：「做事雖難，做人更難。你把事情做好，別人對你的批評、嫉妒都沒有關係，你只要盡心盡力、問心無愧，白天努力工作，晚上就可以安心地睡覺了。」後來，他來向我道謝：「要把事做好，還是需要先把人做好；把人做好了以後，事情就能夠比較順利推展。」

先學做人是非常重要的。該如何做人呢？就是要小心謹慎、誠懇謙虛、踏實忠厚、寬宏大量，這樣一定可以把人做好。我們學做人的目的，就是爲了做事；只要努力把人做好，事情也會愈做愈好。

做人一定要常常爲人設想，站在別人的立場考慮問題，在家庭裡也是一樣。比如說，一位年輕媳婦告訴我，她的公公和婆婆常常埋怨她，責備她。當孫子不聽話，公婆罵媳婦；丈夫脾氣不好，公婆也罵媳婦。

我告訴這位媳婦：「自古以來，媳婦都是難做的。要跟公婆處得好，老人家埋怨時，就順著他們。體諒做公婆的，都是疼兒孫、比較不疼媳婦的；雖然委屈，但不要難過，還是把自己的本分做好，還是落落大方盡妳的責任。」她照我的建議去做，一段時間以後，丈夫和孩子都成了媳婦的後盾，做她的精神支柱，也免去了與公婆間的衝突。

在職場上也是這個道理。做事之前先把人際關係做好，也就是多尊重人、多適應人、多配合人，想做的事會更順利。

如果別人找你麻煩，千萬不要自己懊惱，這會是雙重傷害：別人已經傷害你，你又傷害自己一次，這是沒有必要的。如果反省自己沒有錯，就把被冤枉的心情放下吧！

做人一定要常常為人設想，站在別人的立場考慮問題。

失意得意一念間

問

這幾年，社會上的高失業率情況一直沒改善，失業衍生許多社會與家庭問題。許多人若不是自己失業，就是家裡有人失業，如果一直找不到工作，該怎麼辦呢？

答

很多人一見面，就會問說：「最近在哪裡得意呀？」意思是：「在哪裡工作？」好像是說，如果沒有工作，就不得意了；如果失業，那就是失意了。我想，這不太對。

「得意」是說心中沒有負擔，心很自在、快樂，所以得意；那麼，暫停為薪資而工作、為生活所需而工作的煩惱，也不算失意。

失業的原因很多，不全然是自己能力或條件的問題，即使失業，也不要太責怪自己能力不足。我有一位信徒，他在美國的一間公司工作二十年了，已是中級幹部，就指望退休了，但有一年公司裁員，居然把他裁掉了。他好痛苦，覺得自己沒有做錯什麼，也常加班，工作量也是多達兩、三個人的負荷。

「這麼爲公司賣命，居然還是裁到我！」他跟我說他內心的痛苦：「我這麼努力，爲什麼是我被裁？」

我問他：「沒工作之後，你沒飯吃了嗎？」

他說：「當然還有飯吃，只是沒有工作，很丟臉！」

「你應該高興，二十多年沒有好好休息，這段時間你正好可以好好修行和休息。」

「可是，我還沒有老到要退休。」

「那好，你還有不錯的體力，可以來法鼓山當義工。」

法鼓山許多工作，都是靠義工來支持的，義工的貢獻很大。所以，換個角度看，失意也可以是得意的事。

過去，工作是爲了薪水及陞遷；現在，做義工不是爲了自己，別把失業當成失意。台灣近來失業率下降了一點，前些年的確有失業高潮，因爲有許多企業離開台灣，移廠到大陸、越南、柬埔寨。那留下來的工人，就失業了。

那怎麼辦呢？好比，過去街上都是三輪車，但等計程車來了，三輪車夫就失業了，他們只好也去學開車，要不然就必須轉業。隨著社會發展、時代改變，總有些人是必須轉換跑道的，過渡期是會有些痛苦，但每個人都要爲失業做好準備。

如果失業就會沒飯吃，那的確很糟糕，但大部分的人失業，不會眞的沒飯吃，最大的問題是失意，垂頭喪氣。如果是這樣，就要改變自己的心態了。法鼓山上有好多義工，都是故意提早退休，在人生裡發展出「事業」以外的「志業」，一點都不失意，反而很得意。所以，一時失業的人，好好培養自己，社會還是有許多地方需要你的。

忍出工作好本領

問

有時候，辦公室像個壓力鍋，有些長官罵人太直接，完全不留情面，把能幹的部屬都罵走了。小職員免不了被罵，如何能由羞辱中快速平復？又如何向上反應，請長官改變態度呢？

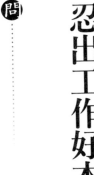

答

大家往往認爲「有權就有理」、「官大學問大」，但有時並不是這樣的。有時小職員覺得委屈，是因爲自己的自尊太強或自卑感造成的。有時候主管並不是很嚴厲的指責，而是勸告，但自卑感重的職員，往往覺得很委屈，不想再做下去。

大部分的主管應該在工作上都有相當的歷練，因此，身爲低階或新進的工作者，應該學孔夫子所稱的：「入太廟，每事問。」任何事先請示，聽懂了、看懂了很好，沒聽懂、沒看懂，就再請教。如果努力做了，卻還是被主管修理，這時候應該感到高興，因爲這是難得的機會教育與訓練。

不要跟老闆唱反調，他是你的上級，和他唱反調，一定是下屬倒楣。也許你的見解很好，作法也比較高明，但你和主管唱反調，好面子的主管就很難採用你的建議。因此與主管相處，即使是再壞的主管，都要感謝他給你指示、指導；雖然你的想法與方法比他好，但是不要馬上反對他，時間久了以後，主管會發現你的才能，可能就放手讓你去做。

有的人會說：「辛苦工作一個月才賺兩、三萬元薪水，何必要受欺負，不必爲五斗米折腰，不幹了。」這裡不幹，換一個地方，可能仍然遇到有同樣態度的主管；如果還是不幹，到處蜻蜓點水，找不到工作，又能學到什麼？

如果能忍下去，時間一長，可以學到人與人相處、工作歷練、領導力等很多技巧，自己也就成長了，等待成長後再換工作。如果自己的本領練好了，到其他地方工作，也會受到重用。

基層人員一定要有心理準備，可能遇到愛罵人的主管，以及隨便找碴的主管。隨便找碴的主管，可能是性格造成，但也許他嘴巴不留情，但很會照顧、指導部屬；也有些主管雖然不會罵人，但做事不乾脆，常常繞圈子，也會讓人不舒服。

進入職場首要練習如何與人相處，因為自己很多事不懂，要有犯錯挨罵的準備；若心理上已有準備，就不會覺得委屈，也就不會因此辭職，失去飯碗。只要心念轉一下，柳暗花明又一村。

中年別盲目轉業

問　如果中年想轉業，該如何評估呢？

答　首先要問，爲什麼要轉業？是這一行業沒有前途了；或者是對這一行業厭倦了、沒興趣了；或者是當初在家人、父母安排入行，如今做不下去了？釐清內心眞正的動機後，如果自己在這行的技術、知識，乃至社會奉獻上都沒有成長空間和前瞻性，那麼與其繼續做下去，不如改行。不過，人到中年，要改行會比較辛苦，一定要做好心理和能力兩方面的準備。

心理準備比較容易，比如想開飛機，你眞心想要追求飛行，那就去做；想航海，那就想像航行的情境；想出家，內心就準備好要放下一切。更重要的是，客觀地評估自我條件夠不夠？無論是開飛機、航海、出家，都有必備的條件，你必須先思考自己有沒有這個能力去從事？也就是說，想要從原有領域跨到另一領域之前，必須要具備跨出去的條件，否則就是莽撞；尤其是內在準備條件不足，外在環境無法配合時，改行就很難順利了。這個社會給中年人的機會，不比年輕人多，許多工作都對年齡有限制，中年人有養家重擔，若要放棄原有的職業再從頭開始，也必須考慮經濟負擔，謀定而後動。

我在軍中時，看到許多同事努力進修大學課程，上完大學課程，有人考入政府部門、有人轉業擔任技術人員；更有人出國留學，返國後當了大學教授。他們除了心理層面有轉業的萬全準備外，更無時無刻不在追求自我成長，增強自我能力，一旦機會來臨，就能走出去。

也有人說：「人到中年百事哀。」事實卻不盡然，如果能一邊工作、一邊進修，持續充實自己，一旦機會來臨，轉業就比較方便了。否則，盲目的轉業，就如同賭博，一腳踩出去，一旦落了空，可能掉入深淵中。

我一生中，也有好幾次轉業的機會，在日本留學，完成學業時，可以留在日本教書，不當和尚，我沒有接受。回到台灣，也有人要我從政，我自省不適合做政治人物，因此安分做我的和尚。

總之我們要改行、轉業，準備工夫一定要有。除了心理準備外，更重要的是自己能力、家計負擔的準備，對轉入的行業要充分研究、瞭解，更要深入學習該行業的特性，才會成功。

人到中年，要改行會比較辛苦，一定要做好心理和能力的準備。

人到中年百事哀？

問

社會目前的中堅分子，也就是大家所說的「五年級」，近來也已步入中年。有人不免有「中年危機感」，往回看，覺得這一生似乎小有進展，卻又沒有大成就；往前看，人生要改變，代價又太高，沒有改變的本錢了，好像卡住了，舉目茫然。他們只能這樣隨時間老去嗎？

答

雖然有句老話：「人到中年百事哀。」事實上卻不一定如此。有些人到了四、五十歲中年時，有太太、父母、孩子，自己也小有成就，或者更好，享有很高的財富與社會地位，等於是人生的黃金時代。也有人不是那麼順利，人到中年，感覺對現況不是很滿意，往未來看，也不知道未來會怎樣。

如果把事業、財產當作衡量自己成就的指標；用存款數字或社會標準，做爲自己的人生目標，這樣會帶來很多的痛苦，永遠也比不完。

人到中年，應該在意的是活得踏實，沒有浪費時間，沒有糟蹋自己的身體、名譽，沒有傷害其他人。如果能盡力而爲，幫助其他人，不論有錢、沒錢，或是有沒有地位，你的一句話、一個念頭，或者一個表情、一個手勢，都能影響其他人；讓他人快樂，就能讓自己也感覺很快樂。這就是每個人活著的價值。如果能這樣，中年人就不需要擔心未來會茫然。

像我這樣的人，原本在青年時一事無成，沒人看得到我，也沒人看得起我。直到四十五歲，在日本得到博士學位時，我已經中年了，但是那時候回台灣沒有人要我。於是我到了美國，名義上當住持，其實是當廟祝，我沒有主張和實權，只是照顧那個寺院就是了，還要買菜、煮飯、掃地、照顧信徒。

那時，我不覺得自己悲哀，其實在那個狀況下，是沒有前途的。但我還是盡全力把當前的事做好，奉獻所學。我也曾經流浪紐約街頭，根本不知道未來是什麼？

漸漸的，有些美國人跟我學打坐、學佛；台灣也開始有人需要我。我回到台灣，待的寺廟好像也不是很大，看起來沒有「前途」和「地位」，我也不在意，但我盡力奉獻我所知道的。就這樣，直到我六十歲，才開始建設法鼓山。

像我這樣的生命過程並不順利，但我不覺得悲哀，因爲我沒追求什麼，沒有和任何人比。我經常告訴學生、弟子，不要跟人比、不要跟自己比。跟人比，比不過人，會氣餒；比過了，會驕傲。跟自己比，今年是不是比去年多賺一點、地位和身價是上升或下降？這樣比，會讓自己年年都很痛苦。

因爲人的生命過程，就是起起落落，一帆風順是不多見的；更何況人的健康、社會大環境，都不是個人可隨心所欲的，要各種條件皆具，人生才能往上。所以我時常勉勵大眾，往下走時，不要沮喪；往上走時，也不要驕傲，如此才會有自在的人生。

往下走時，不要沮喪；往上走時，也不要驕傲，如此才會有自在的人生。

中年不是三明治

問

許多中年人面臨「三明治人生」，兒女的教育是大問題，競爭這麼激烈；父母也開始衰老、生病了，照顧是個問題。中年也有失業風險，壓力太多了，要怎麼度過這樣的三明治人生呢？

答

在我看來，如果把這種狀況看成是人生的壓力、負擔，那是錯的，也是自尋煩惱。因爲我們的父母也是這樣熬過來的，將來我們的兒女也會面臨這樣的景況，這是必然的，必然就要面對。

對人類來說，每一代都是這樣，既然要結婚、成家生孩子，對兒女就要負起責任；父母年紀大了，我們必須要承擔照顧的職責，這是人倫，是天職，不要當成是「三明治」一樣的壓力。如果能換個念頭：我上有父母、下有兒女，家庭很美滿，心裡就會好過得多。

以兒女的教育來說，量力而爲就能減少壓力。比如普通收入的家庭，孩子的教育就要務實。現在孩子的教育，有國民教育，從小學到國中，學費都是政府出的，那麼父母就不要送小孩上私立小學、中學，不必執著，不用怕小孩輸在起跑點上。

有些小孩上了高中、大學，父母實在負擔不起學費，也有變通辦法：讓孩子晚上去上夜校，白天就打工，賺自己的學費。提早有社會的歷練，更珍惜求學時光。有很多孩子過那樣的半工半讀生活，書還是讀得很好。如果有這種天資和決心，在任何艱困狀況下，都能應付。

但是，許多父母認爲下一代競爭很激烈，要求孩子一定要上名校，上好的學校、貴的學校，忘了考量自己的負擔能力，這一定苦不堪言。如果進不到好學校，孩子就沒有用了嗎？不一定的。我小時候，父母沒錢給我讀書，但是我現在書讀得還不少。

當子女步入中年，父母大半年紀都大了。老了，不是問題，有些老人很健康，不用人擔心，還可幫忙家事，不一定會變成子女的負擔。

父母需要子女付出的，主要是關心和安慰。我們看古代的二十四孝，裡頭的孝子大半都是窮人，像是孟宗哭竹或是臥冰求鯉的孝子，即使沒有錢財，仍然可以想盡辦法來孝敬父母；反而有時候聽說，富豪之家子女反目，因爲只想得到父母的財產，而不是想報養育之恩。對父母的孝心，重要的是心意，能做到什麼程度就做到什麼程度，不要跟有錢人比。給父母溫暖、關心是非常重要的，也不花什麼錢的。

因此，有人說：人人家裡有兩尊佛，是誰呢？就是父母。如果能想：自己邁入中年，還有父母，是非常幸福的事，也就不會有「三明治」的感受了。萬一失業了，也不要失意和失志，天無絕人之路，只要自己不挑剔，生活的方法很多，可以把失業看作是轉業的機會。

對父母的孝心，重要的是心意，能做到什麼程度就做到什麼程度，不要跟有錢人比。

老年生活靠自己

問

很多年輕人失業了，三十不立，只能靠父母養。政府發布的資料也顯示，再三十年，台灣年輕人扶養老人的擔子愈來愈重，但工作機會愈來愈少，自身難保，又怎麼負起扶養老人的責任呢？

答

這是整個社會制度、經濟環境、社會福利的問題。人口老化是普遍現象，不只台灣，已開發國家特別嚴重。台灣跟許多國家都面臨同樣的問題，就是年輕人不喜歡生小孩，怕孩子生多了，教育負擔加重，自己也會沒時間發展事業。至於落後國家，出生率雖然比較高，但小孩的死亡率也高。

就台灣來說，年輕人的失業率持續攀升，是嚴重的社會經濟問題，會影響社會生產力；工作機會少了，需要人奉養的老人卻持續增加。許多人擔心，未來台灣勞動人口的產值，無法支撐整個社會的養老費用。

有意思的是，現在台灣的失業率提高了，卻要依賴外籍勞動人口，來做一些偏重勞力的工作。已經失業的人，爲什麼不能暫時接受勞力工作呢？他們高不成低不就，所以覺得工作難找。事實上，只要懂得用頭腦，願意付出勞力，仍是可以找到工作的。

而現在的老人有老人津貼，每個月可領三千元；有的老人住在鄉下，三千元已夠用，因爲住的房子是自己的，還有保險、健保。這些福利是政府給的，用的是納稅人的錢，父母倒不一定需要子女給生活費。因此老人看待這個問題，要未雨綢繆，幫自己留一條路走。如果能未雨綢繆，預先爲自己的老年生活設想，早一點存老本，要是子女沒有能力奉養，老來生活也不會太辛苦。

法鼓山有很多老義工，十幾年來都在爲大眾服務。他們年輕的時候照顧子女，現在老了，不但不需要兒女照顧，還有餘力照顧兒女。老人家的花費不多，最重要的是保持健康、愉快的身心。

如果能未雨綢繆，預先為自己的老年生活設想，早一點存老本，要是子女沒有能力奉養，老來生活也不會太辛苦。

如何準備老年生活？

問

現在醫學進步，人愈活愈長壽，台灣已快成老人國了。人老了，許多生理機能都退化，當吃不得、玩不得時，免不了想不開，老人該怎麼過日子？

答

佛教認爲，生老病死是生命四大現象。人終歸要死，只是有人活得長壽、有人英年早逝。既然在無意外情況下，每一個人都會衰老，不如早一點準備面對年老。

四十歲以後，一般人的體能會漸漸衰弱，記憶力也逐漸減退。現代人大概要六十歲以後才能算老，即使是五十歲的人，感覺起來都還不算老。但還是要從四十歲就開始準備老年生活，不要等到眞的老了，才想到要準備老年生活。

要準備些什麼呢？有人說，退休養老，錢很重要。但是，錢財雖有用，卻是不全可靠。我曾見有一位子孫很多的孤獨老人，因他只相信錢財，不相信任何人，愈老愈怕失去錢財，就把全部財產換成現金，找一個隱密的山邊，深深地挖，偷偷地埋，他就搭一間簡陋的木板屋住在那裡。結果他病死在那裡三個多月才被人發現，他的兒孫一個也沒有出現。過了十多年，有人拆除木板屋，在一塊鬆土之下，竟出現了已經腐爛的大筆現金。

我覺得，準備老年生活最重要的是準備兩種健康：「身體健康」和「心理健康」。爲了心理健康，最好有宗教信仰，而且要很虔誠，不是偶爾拿著香到廟裡拜拜。很多例子證明，有宗教信仰的人，老了以後不會那麼空虛苦惱，面對死亡也不會那麼害怕。宗教信仰之外，還要有宗教修養，祈禱、誦經、打坐、念佛，每天做功課，讓自己心中有寄託。維持身體健康，則要多運動、注意飲食，生活要正常、起居要定時，這些都很重要。

如果經常保持運動的習慣，飲食就不是問題，像我每天爬山一、兩個小時，雖然整天都很忙，但運動絕對不能少。邁入老年也不能暴飲暴食，睡眠不能太多或太少，性生活也要節制，不能再像年輕人一樣。總之，就是要懂得養生。

除了健康，還要培養興趣和個人的成長。成長並不限定在財富，雖然財富有成長也很好；如能做到學問的成長、技術的成長、人際關係的成長、對社會貢獻的成長，一定不知老之將至。如果感覺每天都很有趣、需要做的事很多，身體一定不會差，腦子機能退化一定會慢些，那就不會感到無助、無奈、失落、恐懼了，這不就是快樂的老年生活嗎？

社會應該鼓勵老年人走出閉塞的家，多參與社會公益活動。做志工也需要用頭腦、體力，雖然也會有挫折，但志工不爲自己圖謀什麼，純粹爲了奉獻，做一天就有一天的成就感。如果老人都能更健康快樂一些，不必經常到醫療機構去，領一堆藥回家吃，全民健保也可以省下不少錢。

社會應該鼓勵老年人走出閉塞的家，多參與社會公益活動。

通靈預言可信嗎？

問

二十一世紀的台灣，還是有許多人喜歡用風水解釋人生的際遇。像名模騎馬摔傷，就有風水師說，那是因她爸爸收藏太多木雕，陰氣太盛才會這樣；也有人在電台賣藥，說加持過的水可以治病。要怎樣才能分辨哪些是真話，哪些是謊言呢？

答

講究風水、通靈、預兆等，在人類有歷史記載以前，就已經存在。古時有先知、祭司、巫師等，用符術咒語或卜卦，來預知未來。也有人是天生「陰陽眼」，可以看到異象；或有人能把自己的身體當成通靈「工具」，傳遞來自靈界的訊息。如此功能的人，在原始人類中已有。現代民智開發了，但對未知世界的「謎」，仍然無解。

這些謎，包括天候、健康、災難、人與人、人與自然的互動等。種種災難或狀況，可能因人類一時找不到原因，預言家或通靈者就出現了。雖然這類預言或卜卦多半不正確，還是有許多人深信不疑。也有的是事後的解釋，只要能自圓其說、言之成理，就會有人相信。

比如，有次名模從馬上摔下來受傷，就推理是她父親買太多木雕，陰氣太盛；如果這個理由成立，世界上那麼多收藏木雕的人，不就都有意外嗎？

有些人天生異稟，可以看到異象，或接收靈界訊息，我是相信的。我有個美國弟子，他的禪修工夫非常好，他告訴我，靈界的「朋友」常在他家後院開派對。我告訴他：「就算你看到了，也不要告訴別人。」爲什麼呢？因爲別人看不到，只會產生恐懼感，或懷疑你說謊，要不然就把你當成神，多麻煩！

更何況，即使有能力與靈界打交道，預言也是大半不準的，因爲因緣變化不定，通靈者看到的是某個時刻的景象，如果因緣不停改變，隨著時間發展，之前所說的預言可能失準。

我另有個美國弟子，原本以預言爲生，幫人看東看西的。他一見到我，就神祕兮兮的告訴我：「師父，我在宋朝看過您。」我反問：「那時候的我是現在這個樣子嗎？」他說：「是。」但我不相信，因爲「我現在這個樣子，是我今世的父母生給我的」。

釋迦牟尼佛當年生病，也是要找醫師醫病；現代人遇到問題，反而是要找大師指點。和鬼神打交道，也會有後遺症，找一個鬼趕走另一個鬼，沒完沒了，永遠受鬼控制。我知道許多通靈人病了，也要看醫師，有人卻找大師通靈醫病，眞是病急亂投醫。也有人著迷天珠，說可以加深修行功力。但我的念珠，就只是普通的木頭珠子。修行是靠自己，不是靠珠子，有錢不如多布施、多念佛，不需花大錢買珠子。

演好人生大戲

問

許多人努力了大半輩子，回首看，難免有這輩子似乎白活了的感歎。可是人生不能重來，難道就只能如過河卒子，拚命向前衝而已嗎？

答

所謂「白活了」這種感覺，主要是因爲沒有成就感。人的生命過程中，如果沒有一定的生命目標，也沒有生命的歸屬感，難免會產生「白活」的感歎。

這就和小動物一樣，從出生到死亡，並無更高層次的意義，沒有目標，也不知該做些什麼？累積了什麼？一個人如果沒有累積成就，回首前塵時，常會感歎生命好像是多餘的。

因爲他們想像中的人生價值，是在於兒孫滿堂、高官厚爵；在於富貴、名譽、地位；有形的、有量的、可數的，才會覺得一生過得値得。有人生了很多小孩，且個個有出息，事業有成，他就會有成就感。也有一些人，要賺了很多錢，開了好幾間公司，才會覺得有成就感。

我在大陸的俗家三嫂，生了五、六個孩子。有一次我到大陸探親時，她很高興地向我說：「小叔，我爲你們家族生了好幾個孩子，而且都養大了！」她的意思是說，我沒有替家族留下香火，她卻生了五、六個孩子，語氣中充滿成就、滿足感。她把孩子帶大的確是一種成就感，我對她說：「辛苦妳了！」

我們常看到一些人，既未做官、也沒賺錢，家境沒有變得更好，日子在平淡中一天一天地度過，轉眼過了大半輩子，沒有什麼數字可以看出自己這輩子的成績，就好像是白過了。

其實，生命並沒有白過。每個人都爲自己的生活、生存而努力。雖然有些人沒有能力儲蓄，但每天還是得爲三餐打拚；也許在大社會中，個人只是配角，但在自我人生大戲中，卻是不可變換的角色，即使僅是跑龍套的角色，也要盡心演出。

一齣戲，要有主角、配角和跑龍套，每個人盡心演出，戲才會精彩、好看。人也是如此，主角也罷、配角也罷，只要好好演好人生大戲，自食其力，盡其在我，人生就沒白過。因爲主角只是少數，大部分人都是配角。只要認清自我，演好自己的角色，自己就是主角。所以，世界上沒有一個人是白過日子。

也許在大社會中，個人只是配角，但在自我人生大戲中，卻是不可變換的角色，即使僅是跑龍套的角色，也要盡心演出。

社會關懷

別爲貪念打假球

問

台灣職棒又打假球了，因為賭博介入，要球員放水，許多球迷都很傷心地發現輸贏都是假的。為什麼人總是無法記取教訓，總是犯同樣的錯呢？政府提出發行運動彩券來遏阻賭風的政策，您覺得有用嗎？

答

我們應該把賭博和打球分開來看。喜歡賭博的人，大都希望得到非分之財，內心有貪念，是我常說的「需要的不多，想要的太多」，不該要的，偏偏想要，幾經掙扎，最後還是要了；不能要的，還是到手了再說。

但是，爲了貪念做出不該做的事，一旦被人發現，就是一失足成千古恨；一旦理智被貪念蒙蔽，就變成「管他的，明天的事明天再說，下次再收手吧」。就這樣存著僥倖心理。

然而，凡事嘗過一次甜頭，就很難停止。每次都會安慰自己：「這是最後一次了。」「只做一次，大概不會有事吧？」一次僥倖沒被發現，拿了不該拿的，下次就會想要如法炮製。這樣一來，夜路走多了，總會遇到鬼。

如果經常求取不義之財，果報自然會出現，不好的事一定會被人發現。但做不法勾當的人，也會彼此「勉勵」，說「不會有事的啦」，或是檢討下次要怎麼掩飾，上下怎麼打點，「這次還是拿吧，不會有問題的」。於是，大家一起沉淪了。

回到棒球來看。某些洋將傳聞放水、打假球、參與職棒簽賭案，如果他們在本國是好球員、不放水，為什麼來台灣就變了呢？如果這樣，那就是制度的問題，要檢討台灣的職棒管理，是不是監督不周？

再深入去想，為什麼西方和日本的職棒，好像沒聽說出過這樣的問題呢？至少，我沒聽說日本職棒有打假球的問題。他們視榮譽爲生命，打假球的代價太大了。台灣的假球事件再度發生，該檢討我們的職棒制度，是不是容易引發貪念，是不是讓人有機會犯法？

話說回來，容易引誘人犯錯的事，不只職棒而已，生活中還有許多誘惑。對非分之財，一般人的把持能力還是不夠。所以，打假球、運動簽賭，是人心的把持問題，即使把賭博「地上化」、發行運動彩券，還是無法讓人不起貪念，總會有人鑽漏洞，想操縱球員。

政府應制定杜絕犯罪機會的好制度，也要從提昇國民道德水準著手，如果每個人都管好自己，那麼，以彩券來抑制賭風，也就不必了。

需要的不多，想要的太多。

拆穿詐騙集團謊言

問

詐騙集團無孔不入，天天有人受騙，甚至有人被騙走退休金，實在很可憐。詐騙集團不只利用貪念，還會假裝是親人被綁架，利用親情來詐財；如果你識破他們，他們還會反過來詛咒你，實在很氣人，面對他們設下的騙局該怎麼處理？

答

詐騙集團實在太多了，連我都遇上了。

我有個信徒，人很單純，有某位女士打電話給他，說自己是法鼓山的大護法，師父交付她一個大任務，要替師父私人募款。他問：「師父募款做什麼？」她說：「這是大祕密，不能講。」

這位女士眞是厲害，她爲了詐騙，先把對方的資料都研究齊全了，知道他的法號、受過五戒、打過禪七。所以，這名信徒就信以爲眞，就算他常見到我，也不敢問我募款的原因。

「要捐多少錢呢？」信徒決定要「祕密」護持我。

「師父的要求很大，」那位女士說，「那就先捐兩百萬吧。」

「我沒有那麼多錢……」我的信徒說。

「那你就先打個會吧。」她還介紹說，那個誰和誰也很有錢，你可以找他們起會。她把我的幾個弟子都摸得很詳細了，連名字都知道。

這位女士就這樣騙走了兩百萬元，還告訴這位信徒說：「千萬不要去問師父，你一問，罪過就大了，這是祕密的募款。」

半年過去，她又打電話來了：「師父急用錢，你要救救師父啊！再打一個會吧。」

但信徒眞的沒辦法了，心裡很憂愁。他的父親來找我：「我的兒子沒錢了，請師父饒了他好不好？」

我聽了大吃一驚，要這位信徒在我面前打電話給那位女騙子，電話接通後，我說：「我是某某。」她一聽，就馬上掛了電話，從此消失了。

雖然有人打著我的名號騙錢，但其實，會被人用我的名義行騙成功，是被騙的人對我不夠瞭解，才會讓人有機可乘。但是這位被騙的弟子很委屈：「她說的道理，都跟師父一樣啊！我以為她眞的是師姊。」唉！可見這些騙子也還是花了工夫「做功課」的，但是，為什麼不把這些努力和聰明，放到正途、有利眾人的事情上呢？

於是，我告訴所有的弟子：「我聖嚴沒有祕密。你們覺得懷疑的事，請來問我，不用怕麻煩。」我捨不得罵信徒「你怎麼這麼笨」，畢竟他是為了「救師父」才被騙，就像那些家長以為孩子被綁架，才把錢匯出去一樣，歹徒都是利用人的心理弱點行騙。

有人對接到詐騙電話十分氣憤，反過來咒罵行騙的人：「你會有報應的！」雖然是氣話，但不見得沒道理。說謊害人，的確是造業，還是要受因果規範的。

遇到可能是詐騙的電話，一定要保持冷靜，仔細查證。至於加入了詐騙集團的人，不妨想一想佛教所說的因果，縱使騙得了一時，終有一天仍是要償還的。

說謊害人，的確是造業，還是要受因果規範的。

不放棄自己

問

導演李安近年非常風光，但他在成功之前，有六年時光是失業在家的。您當年也曾無處可去。在情勢看來黯淡，別人都不看好時，如何能有自知之明，堅持走下去呢？

答

其實，我當年並不是完全無處可去；而且我也相信「天無絕人之路」，我一向如此相信。所謂山不轉路轉，路不轉，人還可以轉；如果連身子都動不了，至少我的心還是自由的。所以，「無處可去」最多是在當下，在人生的某段時間走到山窮水盡。這樣的情況，在我的人生裡不只一次，而且常常如此。

我有個信心，就是在窮途末路、命運走到了谷底，我卻覺得正好是往上的時機。雖然已到了谷底，但不代表沒有路走，還可以從谷底找路往上爬。你可以往上、往下走，往左、往右走，都可以。但如果不走，就眞的永遠待在谷底了。

因爲有這樣的信念，我常常在逆勢、打擊、挫折出現時，感謝它。我逆勢可以用努力化解它，可以迴避它，也可以把黑夜當作白天來過。我不會用蠻勁來對抗逆勢，或者採取衝擊突圍的方式。也許我的膽子小，體能也不強壯，所以不會靠蠻勁因應，而是以時間爭取空間。不要急，等一等，它又峰迴路轉了。就像在山中遇到大霧，不要莽撞，想要衝出濃霧，太危險了；只要耐心等待霧散了，就可以辨別出方向，找出路來走了。

我對自己的未來不會抱太高的期待，不會爲自己設下「幾年以內一定要達成一個什麼樣的標準」，但是我有大方向，盡心盡力努力下去。因爲對未來，會出現什麼樣的因緣，我沒有辦法預料。就像武俠小說裡的主角，離開師父下山了，前途未卜，遇到狀況就應對，至少要練習自保，讓自己有一條活路走。

活下去，就有前途。不放棄自己，繼續往前走，就能走出活路出來。所以好多武俠小說的主角經歷折磨，反倒成了一代武林宗師。我想，成功的人並不是只靠好口才、有偉大的事業目標就能成功。成功的人做事應該是鍥而不捨、再接再厲，認準方向，隨機應變。

我不知道李安是如何成功的。但就我自己來說，我只知道，在我還沒死以前、身體還能動時，我朝著我的大方向，繼續奉獻，繼續努力。如果有人感覺我是成功的，那不是我的關係，我只是配合時代環境的需要，完成了一些什麼事而已。

我有個信心，就是在窮途末路、命運走到了谷底，我卻覺得正好是往上的時機。

分清楚該不該要

問

您常說現代人：「需要的不多，想要的太多。」但是，就是因為想要，才有消費，社會經濟也不斷滾動。想要滿足自己的欲望，也是讓人努力的動力。這樣看來，想要的比需要多，是不是也有刺激經濟、社會成長的效果？

答

人需要的不多，想要的太多。物質文明發達之後，刺激每個人希望擁有更多。希望在生活上便利，滿足自己的佔有欲，都不是因爲需要，而是想要。

以個人立場來看，這樣無窮的欲望，是一種負擔、一種貪求。如果是爲了家族、爲了社會謀福而追求，不是爲滿足自己的私欲而貪求，就會是好事了。

有些人想要，但是能力不足，買不起自己想要的，因而動起歪腦筋，走邪路、走旁門，用各種不正當的方法滿足欲望。這不是刺激社會經濟的動力。

如果用自己的智慧、勞力，努力工作，滿足自己想要的欲望，雖然自己飯已夠吃，房子已可遮風避雨了，是不是還需要努力再追求更多、更好呢？我建議的原則是：如果能增進社會大眾的福利，創造時代新的風氣，帶來新的活力，或創造新的資源，這樣的好上求好，是應該的。

像孫運璿先生對台灣的貢獻很大，尤其是經濟建設，由於在他行政院長任內打下高科技產業基礎，使得台灣經濟能躋身亞洲四小龍。這是他有能力要的，這些不是爲自己，而是爲國家要的。他付出自己的努力和計畫，得到了好結果，就是他該要的。付出多少，得到多少。

如果人在滿足欲望時，沒有考慮自己有沒有能力要、是不是應該要，就容易犯錯。甚至有的人在欲望之下，連犯法都不怕了。

如果人只消費而不生產，一味消費社會其他人的資源，就是損害他人、圖利自己。如此既對社會造成混亂，自己也會受到傷害。人要能分清楚能要、不能要，以及該要、不該要的；開發自己的智能資源，自己想要、該要，也有能力要的，才能動手去要。

這也是我說的「四要」：需要、想要、能要、該要。能要、該要的才要；不能要、不該要的，絕對不可要。

有些我們想要的東西，不一定有能力要得到。比如說，種稻需要技術，一步步照方法做了，卻還不一定可以收成。不幸遇上大水災，明明看到快要收成了，卻泡湯了。所以，該要、能要的，還不一定要得到。

能要、該要的才要；不能要、不該要的，絕對不可要。

買彩券行善

問

很多人希望透過公益彩券一夕致富，雖然明知中獎率很低，還是要試一試運氣。也有人認為，反正沒中獎就當成行善，法師怎麼看？

答

有人說，中樂透頭彩的機率和被雷打到差不多。我想，得頭彩可能還容易一些，因爲現在到處都有避雷針。所以，隔幾天就有人得大獎，卻沒有那麼多人被雷打到。

現在的樂透彩券，是由銀行承包，基本上是一個商業行爲。對公司、企業來說，利潤很重要，這是很自然的事情，所以可以看到銀行的宣傳廣告，用各種方法鼓勵大家多買。當然買多了彩金高、投入公益的經費高，銀行的利潤也多。銀行鼓勵大家買彩券，爲了增加利潤，我們並不能責怪銀行。

輿論應該對民眾和發行樂透彩券的銀行，多一些健康的建議，社會和媒體要負起監督的責任，確保公益彩券的盈餘和中大獎者眞正照顧社會弱勢，用於開創社會光明面和台灣新未來。對發行彩券的銀行或是中獎民眾，賺錢、中獎都是好事。

我認爲，彩券可以買，但買的人要當成娛樂，不要損害到自己的經濟資源；如同很多人每個月固定捐一筆錢給社會公益團體一樣，這是很好的事情。買公益彩券也可以抱持這種心態，當成捐給公益；只是買彩券的人還多了一些自利的想法：做公益之餘如果中了獎，可以多回收一些，這也是健康的。

買彩券的人，也不必期望中獎，因爲機率實在太低。看著幾億元的獎金累積，是很大的誘惑，但中獎與否全憑運氣福報，不必爲了中獎，花太多精神去想要如何買、去哪裡買。

我曾經在一個兩千人的場合問大家，有多少人買彩券？大約四百人舉手。我又問，得到過一萬元以上獎金的有多少人？有五人。我再問，連續得到一萬元以上的有沒有？有，但只有一位。他們告訴我，因爲是三寶弟子，買彩券只是做公益；不過，如果眞的得獎，還是要去領，可以再做公益。能有這樣的態度，買彩券便是快樂的事。

如果買彩券的人一下得到幾億元，要全部捐出來做公益，恐怕也捨不得；最好在買彩券之前先發一個願，如果得獎，要有多少做公益，眞得了獎，就依承諾捐出幾分之幾來，這樣的態度就非常值得鼓勵了。

彩券可以買，但買的人要當成娛樂，不要損害到自己的經濟資源。

可以開神的玩笑嗎？

問

有一家丹麥報紙刊登嘲笑伊斯蘭先知的漫畫，引發伊斯蘭國家怒火，攻擊北歐國家大使館，還發動抵制丹麥產品，有家丹麥的乳酪公司，因業績下降而裁員。有人說，穆斯林太小氣，因有許多人拿聖母和上帝開玩笑，並沒什麼問題。宗教不是與人為善嗎？

答

每個宗教看待自己的神、教主、先知，都是十分神聖的，這是所有宗教都相同的。不只是單一宗教的國家或民族，會有這樣的情形，就是在多元宗教的社會裡，除非對自己宗教沒有那麼虔誠，否則對諷刺他們的先知、教主、聖人，都會覺得像自己的祖先被辱罵一樣難以忍受。

這是大家必須要先有的認識。多元文化的民主社會中，不同宗教之間難免會互相爭執。如有不同的看法可以討論，不能以侮辱或譏笑、歧視的態度來相待。

當然，在思想開放的社會，允許對自己的信仰、先知、教主、聖人或者經典的某些部分感到懷疑，這懷疑不是懷疑神和上帝，而是懷疑傳說中的消息。因爲站在現代人講求科學實證的立場，對許多神蹟的記述難免有懷疑。

不過，懷疑背後仍是一份尊敬。以幽默的態度來諷刺宗教，在西方歐洲哲學家中就有好多位，認爲教會的上帝無法令他們認同，教會傳播的訊息，也無法使他們服從。這樣的懷疑，卻造就現代文明的起飛。這是新知識的開放，西方社會並不認爲這是褻瀆上帝。

台灣民眾看到穆斯林採取暴力反應，無法理解，歐洲與美國人也無法理解。但穆斯林卻覺得被歐洲國家所歧視、恥笑，而無法忍受。依我看來，這不一定是宗教問題，還有文化差異、種族差別的癥結。

像這次事件中，各大洲有穆斯林的國家或地區，多少都有些抗議反應，只是激烈程度不同而已。並不只是中東地區的阿拉伯人，東南亞的穆斯林，包括馬來人、印尼人、印度人，以及非洲的穆斯林，不同種族的穆斯林都表示對諷刺漫畫的抗議。

我們同情穆斯林的舉動，也要呼籲伊斯蘭兄弟們，試著以多元宗教的立場，用理性與智慧來處理這樣的爭端，切勿用暴力來反應。通常用了暴力，本來是該贏得同情的，卻變成有理說不清。

多元文化的民主社會中，不同宗教之間難免會互相爭執。如有不同的看法可以討論，不能以侮辱或譏笑、歧視的態度來相待。

以禪修戒毒

問

台灣吸毒人口愈來愈多了。有毒癮的人因為買毒，欠了卡債，共用針頭也讓愛滋病患暴增，甚至還有吸毒家族在販毒。反毒運動看來成效有限，基督教有福音戒毒，佛教的觀點及做法又是如何呢？

答

事實上，也有佛教團體從事戒毒工作。只是因爲吸毒人口太多，戒毒機構或組織相對缺少，看來成效有限。

我在美國的時候，曾有吸毒的人到禪修中心來求助。首先是借錢。他們說，吸毒沒有錢，請求布施。我告訴他們，沒有辦法答應。如果生活有困難，沒有飯吃，我會盡力；但如果要買毒解癮，就沒辦法了。

我們會用禪修、運動，來幫助吸毒者對抗毒癮。美國吸毒問題很嚴重，連小學裡都有人吸毒、販毒。在我們寺院的門口，就站著幾個小孩，拿菸分著抽，其實菸裡包的就是毒品。寺門關著，菸味還是由門縫飄進來。

美國和台灣一樣，雖然法律禁止吸毒，但青少年還是免不了好奇，想要試試看。有些人會對毒品嚴重上癮，有些只是一時好玩、好奇，之後就沒試過。

我曾問過到我們紐約禪修中心的美國青年，從未碰過毒品的人，多不多？結果不多，他們多多少少試過。所謂毒品，不一定是成癮性和傷害性較大的海洛因，有些是大麻、安非他命，或是強力膠、LSD迷幻藥。都是朋友間好奇嘗試的，長大後，眞正吸毒上癮的比率就少了，他們知道毒品不是好東西。

許多來學禪的美國年輕人，過去多少碰過一些，但到了禪修團體，就自然而然不碰了。因爲那些藥品或毒品的刺激，能給人帶來飄飄然的感受，一時忘卻痛苦，但其實只有麻醉、刺激的感覺。禪修幫助人穩定心理、生理，讓身心的負擔都覺得釋放了，這才是不假外求的。

依我觀察，學禪修的吸毒者，打坐時不會有吸毒衝動。參加禪修七天後，大概三個月到半年不會想吸食，如果沒有持續禪修，又遇到誘惑，就容易走回頭路。所以，如果半年沒看到他們來禪修，我就會打電話叫他們快回來禪修。

他們也告訴我，販毒的人很厲害，你從他們常出沒的街上經過，他們馬上能分辨出哪些人是吸毒的，會上前問：「要不要貨？」

我勸告他們，下定決心離開危險街道，不要靠近。我希望吸毒者有宗教信仰，任何宗教都好，以宗教力量來幫助被毒品控制的人。

禪修幫助人穩定心理、生理，讓身心的負擔都覺得釋放了，這才是不假外求的。

將心比心接納病人

問

近來有些身心殘障或愛滋病患團體要回到社區、融入社會時，卻遭居民排斥，破壞門鎖，不讓他們進門，或是不肯租給愛滋中途之家。大家都怕他們會傷害人，或是造成房價下跌。即使檢察官起訴他們妨害自由，居民還是不肯讓步，覺得這是捍衛家園。從佛法角度，法師會怎麼勸解雙方呢？

答

這是非常悲哀的事。也許大家還記得，台灣光復後，痲瘋病被視爲恐怖的瘟疫。所有患者都被隔離了，大家害怕被傳染，怕到連看見他們都不願意，遠遠把他們集中關在一個地方。即使後來他們的病治好了，或者證明痲瘋病不會再傳染，但群眾還是不瞭解，仍然害怕接觸痲瘋病患。直到醫療較發達的現在，中國大陸的某些偏遠地方，仍然有痲瘋村，患者仍被隔離在正常人群之外。由於村子被隔離，小孩沒法受教育，也沒有戶口，眞是悲哀。

現在，台灣社會開放多了，人民對各種疾病也有較多的瞭解，但是心理上，還沒辦法完全袪除某些恐懼。例如愛滋病，醫學早就研究出愛滋病毒不是那麼容易傳染的，但大家仍然會談「愛滋」色變。或者像精神病患，大家以爲他們會鬧事、有暴力傾向、會拿刀殺人。但事實上，有暴力傾向的精神病患，比正常人還少，反而喝醉酒的人還危險一點，比如酒後駕車，對眾人不是更有危險性嗎？但是大家反而不怎麼怕喝酒的人。

所以，排斥或恐懼，大概都來自對疾病的無知、理解不足，所以急著把他們排拒在正常社會之外，這是社會很大的不幸。

要減少社區排斥這些患者或弱勢者，需要更多的溝通與文宣，這是政府、病友團體和媒體的責任，應適時降低大眾的恐懼感和誤解。

例如就我所知，很多人不知道，和愛滋病人握手、一起吃飯，根本不會傳染愛滋；只有藉性行爲或血液傳輸，才可能傳染；即使唾液也不會傳染，除非口腔有傷口，否則親吻愛滋病患是沒有關係的。

像這些知識，只要理解就不會害怕；知道它不會藉空氣或上廁所使用馬桶等途徑傳染，就可以減少很多恐慌。又如精神病患，發病時就送他到醫院治療，如果平常服藥控制得好，也能正常生活在社區裡，不需要害怕。

對生病的人，眾人要有慈悲心，因爲不知何時，我們自己也可能成爲病人，可能感染愛滋，也可能有精神疾病。如果你希望當你是病人時，別人能接納你，今天就要張開雙手接納別人，這是將心比心。

話說回來，居民會這樣排斥、害怕，解決之道是溝通、解除疑慮，不是運用警察勢力強力介入。強迫的方法，沒辦法化解恐懼，也不可能消除誤解，這需要更多互相體諒、彼此理解，才是根本解決之道。

善待外勞

問

台灣引進許多外勞，他們的數目已經比台灣原住民人數還多了；但近來許多新聞都是台灣雇主苛刻外勞，甚至毆打他們等負面事情。因為覺得他們便宜，又人生地不熟，權利也不對等，就剝削他們。許多人對本國人很客氣，面對外來的勞工卻是一副壞老闆嘴臉，這不是很矛盾嗎？

答

我到過世界許多不同的地方，凡是道德修養或者是宗教信仰薄弱的地區，多多少少會顯露這樣的心態，歧視外來的人，或歧視和自己不同種族的人，也歧視弱小的人。

我到某些國家去，他們對本國人特別好，很多場合，本國人免費，外國人得付雙倍或多倍的價錢。問他們什麼原因，他們認爲這是合理的收費，因爲那是該國人民經過許多努力才能享受的成果，外國人沒有付出，所以沒有辦法享受相同權利。我想，這是合理的。

在美國，只要成了美國的公民，不論是新來的或者後到的移民，任何福利都一律平等，對新移民還有特別輔導，比如英文課。

就台灣來講，雖然我們台灣人看來似乎人人都有宗教信仰，常常到廟裡拜拜，但是許多人只有拜的動作，內心卻沒有宗教情操、缺乏宗教的修養，到廟裡拿著香拜，只是爲了自己的利益還願、祈求平安，卻沒有把慈悲的教義應用到待人接物上。

比如認爲台灣人是主人，外來的人都是「番仔」，都是落後的鄉下人，沒有文明，是「地球邊緣人」。以爲自己很有文化、很有水準，甚至自認爲我們給錢很多，或是外勞是用錢雇來的，就算出事，只要花錢就能解決，一點都不在乎外勞的待遇和感受。

其實，我們台灣雖然經濟比東南亞的一些國家好一些，但是精神文化、道德修養以及人與人的平等觀念，還是很缺乏，這很可悲。我們要尊重所有的人，不分貴賤。

當然，也有雇主善待外勞，當作自己的家人，這樣的家庭是有修養的。凡是苛待外勞的人，他們以爲自己高人一等，但在我們看來卻是可悲的：他們不懂做人的道理，是道德文化的邊緣人。

我們要加強對外來人口的尊重，否則在國際上，「台灣寶島」就變成「惡魔島」了。

雇主善待外勞，當作自己的家人，這樣的家庭是有修養的。

與惡鄰和平相處

問

社會新聞中常看到鄰居間為了停車、澆花等小事交惡，甚至大打出手，告上法院。生活裡遇到不講理的鄰居，的確是讓人很苦惱，尤其是遇到常常製造噪音、汙染環境的鄰居時，更是困擾，如果無法搬家，該怎麼辦？

答

住在人多吵雜的都市裡，難免會遇到難以相處的惡鄰居。惡鄰居通常會認爲引起別人煩惱的行爲，是他個人以爲的自由，別人無法管。一般來說，這樣的人可能欠缺道德教育，尤其不清楚什麼叫做本分，行事作爲往往我行我素，非常自我中心，不能體會其他人的感受。遇到這種惡鄰居的唯一辦法就是搬家；沒有辦法搬家時，只好接受事實。

有一棟五層樓道場的隔壁二樓搬來新住戶，在窗台上打出一個平台，延伸到道場的樓旁。這位住戶在平台上養狗、養雞，很吵、又臭，使得道場二樓根本無法開窗，而且整棟大樓都聞得到臭味，狗吠聲常干擾到道場的作息和修行。

所以便和這位鄰居交涉，告訴他：「你的樓層延伸平台，已經佔用到我們的空間，如今又在平台上養雞、養狗，造成我們很大的困擾。」他說：「誰敢動我的平台，我就和他拚命。」由於和平交涉，他不理會，只好找警察協助處理。警察勸他要盡速拆除，他還是不拆；但道場又不能搬家，只有接受他，並和他說好話，勸他改善動物的環境，不要弄得這麼臭。這是在和鄰居妥協下的「和平共處」。

遇到惡鄰，可以選擇做朋友，或是做怨家。如果選當怨家，會演變成以暴制暴；如果選做朋友，彼此的關係則可能改善一點，不過要對方完全改變的可能性不大。我們在心理上要接受他。

如果與惡人爲鄰，自己也變成惡鄰，以暴制暴，暴力會愈演愈烈，反而不好。忍讓，並不是被欺負，因爲合理不合理，是向講理的人說的。惡鄰就是不講理，有時他們的行爲很難用法令約束，報警也不一定有用。如果因看不慣，而用非理性或衝動的行爲及心態來對付他，跟他一般見識，我們反而會變成另一個惡鄰居。

如果與惡人為鄰，自己也變成惡鄰，以暴制暴，暴力會愈演愈烈，反而不好。

忍辱者多福

問

有個父親因長期失業，家庭壓力過大，情緒失控，用滾燙的水，傷及還在念小學的兒子背部，兒子受到嚴重傷害，不想再看到父親。現在社會，許多人不容易控制自己的情緒，一時衝動就做出傻事，有什麼方法可以控制情緒？

答

俗話說：「小不忍則亂大謀」、「忍一時之氣，享百年之福」，這是告訴大家要學習忍耐的工夫。佛教的教義也強調：「忍辱者多福。」忍辱是避免招致橫禍的盔甲。遇到不合理的事，如果亂發脾氣或找機會報復，麻煩就來了。如果能夠轉念，就沒有事了。

我有一位弟子，自我要求、自律頗嚴，絕不會做壞事，但他嫉惡如仇，要求所有人都依照他的規範做事，只要有人不合於他的要求，都會很難過，但他的地位和權責又沒有辦法管理所有人，因而常爲此痛苦。

這位弟子出家五年，愈來愈沒有辦法忍受這些狀況，因而常在佛前祈求，希望佛菩薩能感動那些人。我告訴他：「沒有人有能力去感動和管教每一個人，何必把別人的問題變成你的問題呢？你該有此智慧吧？」事實上，我自己也都不一定能將每一位弟子管得好好的，這是眾生的性格，不同的人有不同的性格。如果每個人都能因爲管教而變好，那每個人都成佛了。

這位父親因小事對兒子出了重手，我想如果他沒有失業，應該不會這樣。在自己心情不好時，的確很難控制情緒，但想消除瞋恨心，就必須時時培養慈悲心，對他人起慈悲心，也對自己起慈悲心。怒氣能傷身。人在倒楣、失意、困境中傷害自己，這是雙重的傷害，這種做法是對自己不慈悲。對他人保持慈悲心，就不容易生氣。

我在美國時，有一位美國籍的弟子非常用功修行，可就是沒辦法控制脾氣。平常他像個菩薩，但沒人知道他何時會生氣，會爲了什麼理由生氣。他常常壓抑自己的情緒，直到爆發。於是我要其他弟子，在他發脾氣時，不要跟他衝突，讓他安靜一下；等發過脾氣後，他就會很快調整自己。

情緒只是一時的，忍一下也就過去了；忍不下時，就大聲念一句「阿彌陀佛」吧！忍耐的工夫，要從小事鍛鍊起。

在自己心情不好時，的確很難控制情緒，但想消除瞋恨心，就必須時時培養慈悲心。

難教的學生是活教材

問

傳統上老師是很受尊敬的，但最近有些新聞讓家長緊張。例如老師因為細故處罰孩子，父母找民意代表抗議，讓老師難堪，但往後孩子和老師的相處，也會因此更加困難。如果父母覺得孩子的老師不適任，應該怎麼辦？

答

「體罰」是教育的老問題了；還有些老師會對學生大小眼，讓孩子受到傷害，也令父母憂心。

遇到孩子可能沒被老師照顧好，父母要理性面對；首先多觀察自己的孩子，因爲這不一定是老師的問題。很多父母連一、兩個孩子都很難照顧好，更何況是把孩子送到學校，讓一位老師同時照顧二、三十個學生？孩子的教育責任，不能完全推給老師。

如果老師對學生有差別對待，喜歡好帶的學生、討厭會找麻煩的學生，即使這是人之常情，還是不應該。

我有很多弟子是老師，我瞭解老師的心聲。其實，愈難帶的學生，就像愈難度的眾生，需要花更多心思去照顧。這對老師而言，不但可以學習更多，學生教好了，成就感也更大。老師要記得，難教的孩子是幫助自己成長的「活教材」，更要因材施教、有教無類。

像我自己就常有很多弟子和學生來找我談事，表面上好像弟子、學生老找我麻煩，佔用我很多時間，但也因爲這樣，我瞭解許多個案，透過這些人生的故事增加經驗、增長智慧，也培養慈悲心。

父母應該體諒老師的難處。如果父母發現老師教導方式有問題，不要先訴諸情緒，這不會有任何好處。應該要先和老師談一談，瞭解孩子的情形，溝通彼此立場和態度，也看一看是不是只有自己的孩子遇到這種狀況。如果老師對學生有差別待遇，或教學態度上有不適當的習慣或意識型態，父母可以向校長反應，或是透過家長會處理。

如果和老師、校長、家長會溝通都沒有效果，並且遇到老師和學校都不講道理，再考慮訴諸媒體。輿論是改善社會一種很有力的方式，但也可能讓事情變得更複雜，家長還是理性處理比較好。

難教的孩子是幫助自己成長的「活教材」，更要因材施教、有教無類。

擔憂學生請產假

問

最近教育部修法，讓女學生萬一懷孕，可以請產假及育嬰假。有些人反對，認為會鼓勵懷孕；有些人贊成，因為可以保障女學生受教育權。法師贊成給女學生產假嗎？

答

教育部是教育主管機關，在乎的是學生的受教育權；我是宗教師，關切的是社會的道德、倫理。因此，我對這個問題的考慮，會和教育當局的角度不同。

學生的本分是好好讀書，至於懷孕，不是學生就學時期應該發生的事。但現在教育部這項寬大的法令，可以讓懷孕的女學生繼續上學，可請產檢假或請產假，似乎在告訴學生，婚前性行爲、在校時懷孕，都是沒關係的，有點變相鼓勵的意思。這樣的規定，眞的妥當嗎？

高中生才十五、十六歲，仍然是個孩子，生了小孩怎麼辦呢？總不可能帶著嬰孩到學校上課。如果女學生的父母經濟能力尚可，可以爲她請褓母帶小孩；如果家境不佳，女學生要如何兼顧求學與育嬰呢？這個作法的後果，很可能造成人生的角色遽變，家庭倫理也大亂。

在校園中講求自由是好事，但必須有倫理與道德的分寸。像曾有台灣的學生到新加坡當訪問學生，但台灣去的學生，頂著奇形怪色的頭髮，新加坡校方認爲有損校譽，因此不准台灣學生穿當地的校服。

台灣學生的開放自由，是新加坡社會無法接受的。可見，我們教育當局的觀念太新潮，跑得太快，給了學生過度的自由，以致我們的孩子到了國外無法被接受。

當女學生懷孕，被看成平常事，可以被教育機關接受、保護，家長和學校就很難再教導孩子如何注意男女交往的分寸。如此，當男孩子向女孩子求愛時，也許會說：「不用怕，現在即使懷孕也一樣可以去上學，沒什麼好擔心的。」這可能會讓原本嚴重的未婚懷孕問題，變得更嚴重。

現在的社會，人心浮動，人與人相處都失去了準則，也失去行爲應有的分際。一旦大家失去行爲的依據，社會只會更混亂。所以，對這項新規定，站在宗教師的立場，我是憂心的。

在校園中講求自由是好事，但必須有倫理與道德的分寸。

讓邊緣人進入社會核心

問

新聞報導說有個三歲孩子全身被刺青，據說，刺青的痛感跟生產差不多，非常疼痛。怎麼會有人忍心對孩子下毒手呢？是不是人心本惡，不然，怎麼做得出來？

答

這個案件裡的虐待行為讓人非常震驚，應該是非常特殊的個案，但我想，不論在台灣或中國大陸，在東方或西方，全世界都可能有這種極度的虐待者存在，但這畢竟是少數，不是普遍的現象。我們可以由過去歷史上的許多記載，甚至由戲劇中看到，這種有虐待狂的人，每個時代都有，每個民族都有，但並不普遍，而是極少數的個案。

這種人怎麼產生的？心態怎麼會這麼狠毒？我不是變態心理學家，不懂這種人的變態心理怎麼來的，但是我想，可能有幾種原因，一種是突發性的，一時之間受到什麼刺激，或是生理上有些變化，例如受到藥物的影響，或是社會環境刺激他，才做出這種事。所以，有些人平常看來好好的，卻在盛怒或酒後，一時衝動做出喪心病狂的事來。

另一種可能是，施虐者出生時就帶著某種特殊性情，對別人的痛苦沒有憐憫心。在我小學的時候，有位同學常常打人，即使被學校處罰，他還是變本加厲。他仗著身高體壯，大家怕得不得了。後來聽說，他長大後被槍斃了，因爲做的壞事太多了。

第三種可能的原因是，施虐者從小沒有得到關心和愛護，因爲很孤獨，形成仇恨的心態，認爲世上沒有一個好人，沒有人對他好，每人都不值得愛，所以他的心沒有愛。但是，這並不是說，童年沒有得到關懷的人，長大就一定會變壞。我們可以看到，許多人雖然受到惡劣的對待，很辛苦地成長，卻能反省，由孤獨走出來，反而更能幫助同樣受苦的人。

這個案件裡虐待小孩的人，據說有吸毒習慣，是社會邊緣人。他打了小孩，還說刺青只是取樂，聽來很沒有同情心。但站在宗教師的立場，對這樣做壞事沒有感覺的人，不是要恨他、殺他，而是要思考如何幫助他。

專業戒毒或心理治療，要由醫療專家判斷。但值得關心的是，像這種邊緣人，台灣兩千三百萬人裡一定還有，該怎麼辦呢？社會應該讓邊緣人不再邊緣，讓他們能夠進入社會核心，這需要付出時間，付出愛心。

但是，誰來做呢？政府有責任從制度上解決。民間也可以盡一份力，比如設立戒毒所，設立地方的孤兒院。照顧被社會忽略的人，大家都有責任。

社會應該讓邊緣人不再邊緣，讓他們能夠進入社會核心，這些需要付出時間，付出愛心。

不必靠整形建立自信

問

醫學發達，整形變得很普遍。有人覺得，整形像化妝一樣，可以增進自信，差別只是洗不洗得掉。看起來，好像改造自己的面容，讓它變得更美，也沒有什麼不好？

答

大部分的人都希望自己變得更好看，所以藉助化妝，甚至是整形手術來改變面容。隨著整形外科手術愈來愈發達，幾乎只要是看不順眼的小地方，都能以人工方式改變，似乎連青春也可以留得住。

現在不只是女人美容，男人也在美容。因爲手術普遍到一個程度，大家也覺得沒有什麼大不了的；藥品也普遍，很容易就能改頭換面。一個最極端的例子，是美國歌星麥可・傑克森（Michael Jackson）。他原本是黑人，幾番整形手術下來，鼻子的形狀從黑人特有的鼻形，變成白人的尖鼻子，幾乎變成另一個人了。

台灣近年很流行整形。不只是年紀大了，要留住青春，連年輕人、大學生都希望把自己的面孔整成模特兒，或是歌星、電影明星的模樣。有人還指定要整成某個韓國女明星的模樣。

整形這樣流行，好不好？對整形我沒有特別意見，並不是對肉體動刀子、做些改變，就一定不好。好比，原住民曾有紋面傳統，如今消失了。反而是道上大哥，喜歡刺青表現英雄氣概或身分地位。

如果一個人臉上有顆痣，嫌它難看，大家也有同感，那麼藉助手術拿掉痣也是好事，至少重建信心。重要的是，人要有信心和實力。就算把臉整得像大文豪海明威（Ernest Hemingway），也不會變成作家。面孔不代表智慧與實力，只能說長得像海明威罷了。即使把臉依照明星劉德華的長相去整形，如果不會演戲、唱歌，也不會有劉德華的成就。

自信是由自己的實力而來。實力是什麼？是知識、技能、人際資源。如果缺乏知識，沒有一技之長，人際關係又差，面孔整得好看，人生無法以實力面對挑戰，反而會很心虛。好比假裝成律師到法庭出庭，即使扮成律師模樣，幾句話一問就穿幫，反而倒楣。

有時候，整形只是讓自己覺得比較有自信心，實力的提昇才是有用的。改善外表的方法進步了，讓人容易往這方面鑽，忽略了實力的追求，千萬要小心。

自信是由自己的實力而來。實力是什麼？是知識、技能、人際資源。

不棄養狗

問

許多縣市現在努力掃狗屎，也抓流浪狗，但收容數量固定，一旦超過，就必須安樂死。許多佛教團體反對動物安樂死，卻似乎又無法解決流浪狗過多的問題，法師的看法如何？

答

流浪狗到處亂跑，的確會影響環境衛生。但現在台灣的流浪狗問題，比十幾年前好多了。十幾年前，無論是都市或鄉間，馬路上到處可見流浪狗；也因野狗太多，於是有愛護動物者出面呼籲收容流浪狗。當時我也參與這項活動。

但收容並不能完全解決問題。如果不針對造成流浪狗的原因標本兼治，光是收容只會讓流浪狗愈來愈多。

尤其是流浪狗也會不斷繁殖，往往一胎生下來，又多了五、六隻小流浪狗；另外，有一些家庭養狗養了一陣後，不想養了，或者養不起，或者搬家了，或者喜歡狗的小孩長大了，或者住的公寓空間變小了，於是將家裡的狗野放。

當年，我呼籲政府不要撲殺流浪狗，而是應從源頭處理，並建議將養的狗植晶片，至少可知道狗從哪裡來，讓養狗者不得隨便將狗棄置。當時的建議，政府並沒有強制實施，只是鼓勵。

另外的方法則是結紮，讓所有流浪狗結紮，控制數量，不再生生不息。但遺憾地，那時候政府政策還是以撲殺為主，我只能以悲痛的心情為被安樂死的狗念佛。下手處死狗的人，心裡也是會難過的，殺狗的罪過應歸誰呢？應是政策錯誤。

我誠心呼籲，政府一定要拿出辦法，有效管理家犬，且每隔一段時間要清查，讓養狗人不隨便棄養。另外，也要全面替流浪狗結紮。這不能單靠民間團體推動，因爲民間財力、人力有限，或可改由環保署或衛生署等政府單位出面替流浪狗結紮。尤其是環保署收取的空氣汙染費用，應可拿出一部分錢來做流浪狗結紮專款。

我記得過去到英國倫敦時，發現街頭到處是馬糞，因爲警察都騎馬在街上維持治安。另一次我到捷克布拉格，在昏黃燈光下走過，不小心踏到了狗糞，但我並不知道，直到回到旅館休息脫鞋才發現，原來布拉格名城裡也有狗糞。所以，任何地方想要完全沒有狗糞是很難的，只有靠大家主動維護環境，並由源頭不棄養狗，才能根本解決。

節慶不是玩樂天

問

台灣許多佛教團體為慶祝佛誕節，整個月都有相關活動，相形之下，端午、中秋、春節等傳統節日的氣氛愈來愈淡，節日只為了放假而已，這對文化的延續會不會是一種損失？

答

我先講一則故事，四十年前我在閉關期間，正好遇到春節，寫了封信給在日本留學的好朋友。我說：「春節到來，很關心你，希望在東京的你也能過一個愉快的春節。」

但是朋友回信澆我一盆冷水。他說：「那是中國人的習俗，在日本沒有春節；中國春節當天，我還在學校上課，根本沒有過年的感覺。」

我過年閉關，還可聽到年節氣氛，但在日本的朋友沒有一點感覺。後來我發現就連中國大陸的年節氣氛，也變得很淡了。

耶誕節在美國人來說是過年，連著元旦放長假，他們見面就說Merry Christmas和Happy New Year，兩個假連在一起。

台灣現在的小孩還是喜歡過年，因爲有紅包拿、有好東西吃、有新衣穿。過去我在日本看到他們很認眞對待傳統節慶，儀式、裝扮都是依照老傳統，變成文化展現，也是觀光資源。

回頭來看台灣，對於節慶儀式是否也保留傳統呢？端午節吃粽子、賽龍舟，中秋節吃月餅、賞月，除了這些之外就是烤肉。但早已忘了吃粽子是紀念屈原，吃月餅是漢人爲對抗蒙古人的典故。

如果我們能有些儀式，藉以提倡關心國家的精神，可能對民族國家會有正面的功效。可惜現在端午節和中秋節只是吃粽子和吃月餅的節日罷了，並沒有特定的意義。

在台灣，佛誕日雖已是國定假日，卻是不放假的。但佛教國家如泰國，就非常重視佛誕節，每年都會很隆重慶祝，全國歡欣，並且舉辦世界性的大法會。

日本將佛誕日訂在陽曆的四月八日，正好是櫻花盛開之時，因此將那天稱爲「花祭」。歷史記載，佛陀出生在花園裡，花園名爲藍毗尼園，佛陀出生時，所有的花都在盛開，因此日本稱此節日爲「花祭」，隆重慶祝，以紀念佛陀。

耶誕節在商業的炒作之下，除了少數的宗教信仰者外，已被視爲娛樂、狂歡的通俗性、休閒性的假日，少了反省耶穌提倡博愛精神，並爲人間帶來平安的宗教意義。

對各式節慶，應該追溯它的原始本意，思考與反省節日的意義，而不是玩樂，才能保存節慶的傳統與意義。

思考與反省節日的意義，而不是玩樂，才能保存節慶的傳統與意義。

閏七月的鬼月禁忌

問

二〇〇六年正巧閏七月，俗稱的鬼月也就長達兩個月。民間因鬼月而有的禁忌，比如不住院、不開刀、不結婚等，甚至有婦人拒絕住院，結果腸子壞死。佛教徒如何看農曆七月或這些禁忌呢？

答

禁忌這種事是「信者恆信、不信者恆不信」。相信禁忌的人，認爲禁忌是有道理的，發生一點狀況，甚至繪聲繪影，煞有其事。

任何一個部落或民族，都有原始的宗教信仰，相信祖先和蒼天是保護的神，魔和鬼是傷害人的神靈。經過時間演化，成了普遍的民俗禁忌。好比西方人相信十三日星期五是不吉利的日子，他們也有這些流傳的禁忌。我寫的《比較宗教學》裡面舉出台灣各種民俗禁忌，不只七月鬼月，平常還有安太歲、掛八卦等。

佛教徒並不相信民間禁忌，佛教強調因果法則，人世間不會突然跑出鬼或魔來搗蛋，也不相信因爲某些家具擺錯方向、在凶日做了某件事就不順等，佛教徒是不相信這些的。不過，佛教徒也會入鄉隨俗。因爲社會有這樣的需求，法鼓山以誦經、拜懺，用佛法給眾生開示，讓眾生心理從不平安變成和諧，從憤怒變成慈悲，讓一切亡靈安寧。

讓眾生平安的事不一定要在七月做，只不過社會在七月有特別的禁忌，我們也就因應人心需求於七月求平安。至於閏七月，鬼門是否也延長一個月才關？這並沒有特別意義，閏七月是曆法問題，禁忌是信仰上的問題，普度也不必執著要辦兩次。

另外，不相信禁忌是不是一定會有問題呢？舉個例子，台北某一公司的大樓，七月都會拜好兄弟，有一年主管換了人，他不信邪，不再拜好兄弟，結果發生一些怪事，讓同事人心惶惶。該主管只得改口：「我不拜，你們去拜。」大家趕緊拜好兄弟，就覺得順利多了。這位主管堅持不拜，會有問題嗎？也許會，也許不會，這可能是機率或是心理作用。如果這棟大樓一開始就不拜，也許就不會有「沒拜就不順利」的問題了。

不過，台灣人都很喜歡拜拜，工地開工、房子搬遷，都會祭拜一下，以求心安。但這些禁忌，在美國或其他的宗教環境裡，都沒有那回事，相信就有效果，怎麼看待，完全存乎人心感應。不信就沒有感應，信了就會產生力量。

佛教徒並不相信民間禁忌，佛教強調因果法則。

戒菸做善事

問 最近反菸團體和菸商團體，為了菸害防治法案，在立法院吵了好幾架，菸商團體主張，吸菸者也有人權，如果法令太嚴，比如人行道也不能抽菸，就妨害吸菸者的權利。反菸團體則認為，醫學已證明吸菸及二手菸的危害，保障自己及別人健康，應該適度規定。他們似乎各有道理，我們該怎麼看待這樣的爭議呢？

答 我是一個佛教僧侶，從我的信仰立場來看，吸菸並不是罪行。例如在南方，由於瘴氣與濕氣，容易造成某些疾病感染，因此佛經之中可以看到釋迦牟尼佛曾規定在哪些狀況下可允許抽菸的記載。一直到今天，上座部的佛教，像是泰國、緬甸、斯里蘭卡地區的佛教僧侶，還是可以抽菸的。

但是，以今天的時代環境，無論在公共場合或者參加會議，任何系統的佛教徒都不至於有抽菸的行爲，因爲大家都瞭解，在大自然的環境中，抽菸的行爲比較不會妨害到他人，可是在一個人口密集的場合，抽菸雖是個人自由，卻妨害到他人的健康和生活品質，這就是不道德了。對一個中國的比丘來說，抽菸有失威儀，犯了威儀戒。雖不算大罪，但造成威儀的失態，不是很好。

現在〈菸害防治法〉立法的問題，引起了反菸團體跟菸商團體的對立，菸商團體考量的是爲供應市場需求，反菸團體則是爲了全民的健康著想。這種情形在國內外都一樣。只要有抽菸的人，就會有製造菸草的廠商。另一方面，反菸團體主張立法禁菸，我認爲雖有阻力，但值得鼓勵。其實哪裡可以抽菸，而哪裡禁止抽菸，更是道德的問題。

爲什麼反菸的團體希望透過立法防治菸害，因爲我們國民的道德觀念仍有待提昇，有了法令的禁止或者罰金的處罰，可能大家會遵守。

因此我建議，抽菸的人除了愛惜自己的健康，也應該要考慮到其他人的感受，這是一種自愛，也是對他人的尊重。人行道是不是允許抽菸，室內可不可以抽菸，主要是抽菸的人應該要尊重同一場合裡其他人的感受。

我曾經看過一位癮君子，在飛機上待了七、八個小時，他看起來好難過，後來飛機到了某一個中繼站加油，他很快就衝到休息室抽菸，雖然休息室也是禁菸的，但是他一看沒有人，就馬上拿起一根菸趕快的抽，抽完以後把菸藏起來。我很同情他，明知道這種行為不應該，可是他非抽不可。如果罰則很重，他可能就不敢抽了。

很多人以為戒菸很難，可是到我們法鼓山參加禪修的學員，有些人只要經過三天，生理上的癮就沒有了，可是心理上的癮還在，因此回家以後要好好的練心。我要勸勉抽菸的人士，能夠戒菸是最好的，把買菸的錢省下來，可以做許多的善事。

人人都當環保警察

問

科學家設置世界末日的時鐘，警告人類面臨地球毀滅的危機；最近更因核武與全球暖化，而將時鐘撥快兩分鐘。法師如何看待世界末日的說法？人類能避免浩劫嗎？

答

過去宗教家或預言家都曾說過類似的話，現在是科學家從地球的暖化，以及核子武器的競爭來看地球的毀滅問題。

地球暖化愈來愈嚴重，原本有許多地區會積雪，有些高山的雪甚至是終年不融，但現在連北極熊生活的白色大地都可能消失，北極熊族群正面臨滅絕危機。如果北極熊可能消失，人類終有一天也會面臨同樣命運。

地球上的生物，原本就是彼此相互依賴而生存，一旦生物環境產生破壞與變化，雖然對人類還沒有造成嚴重的影響，不過已慢慢地衝擊人類的生存環境。比如海洋被汙染，造成海產數量大幅減少；木材被濫砍，造成熱帶雨林區大幅縮小與破壞。就連美國森林區，也因木材過度砍伐、開發，造成森林區大幅度的縮小，甚至消失。這些變化都會造成地球生態失衡，影響到人類生活和生存。

地球會如何毀滅？首先地球會變成死的星球，漸漸腐蝕、風化，石頭也變軟、腐爛了，地球最後變成宇宙中的大垃圾，在太空中浮浮沉沉，最後終至消失。

我們要預防地球毀滅，首先要重視環保問題，把環境保護的觀念確實落實在生活中，包括我們居住的大環境和小環境，都要重視環保。小自我們的鄉村、城市、企業，大至國家、整個地球村，大家一起重視環保、保護地球。

「大家一起保護地球」，說來容易，但不容易做到，尤其是環保行爲和自己利害得失相衝突時，大部分人會去選擇破壞環境，賺取個人利益，而不會因爲保護環境而拋棄利益。重視環保，最好是利用公共道德來約束。靠政府法令，也許有用，但很難徹底執行，甚至會落得陽奉陰違。只有讓環保生活化，才是眞正的環保。

讓每一個人都變成環保警察，地球生命才能維持久一些。也因此，法鼓山全力和全面推動心靈環保運動，希望透過精神的、道德的、倫理的、觀念的立場，讓信眾自我警惕，不要以自我利益著眼，而是以公共道德出發。

唯有落實心靈環保，我們的環境才能受到保護，才是可靠的治本、治標的根本之道。

讓每一個人都變成環保警察，地球生命才能維持久一些。

尊重彼此的政治選擇

問

台灣近年對「顏色」很敏感，藍的、綠的，不同顏色讓人有隔閡，連在家庭、辦公室都開始分「顏色」，甚至因顏色不同而反目。有什麼辦法可以讓人際關係別這麼緊張？

答

這要從兩個方向討論。第一，我們對政治，應該要參與、但不要太盲從，對任何一個政黨的支持或反對，都不要被情緒影響、不要被聳動的口號迷惑，要看清政黨的政策和政績。但一般民眾缺少這樣的能力，太相信候選人的風格和魅力，不管候選人講的話對不對、能不能做到，一窩蜂跟隨。這樣其實是在爲自己製造困擾。

政治是一種「不確定的藝術」。政治的語言、口號都會見風轉舵，對於政治語言最好不要當眞。選舉的時候，候選人最主要的目的就是鼓動民眾。不分黨派、任何候選人的演講，目的都是在拉票。

另外，人與人之間要尊重彼此，宗教上如此，政治上也自然應該如此。在台灣，過去一黨專政，大家言必稱忠黨愛國，這在當時是沒有選擇的。現在社會多元開放了，以宗教來看，中國傳統的、外來的、本地發展的，在台灣都有，但彼此並沒有衝突，只要不違背社會倫理和善良風氣，各種宗教都受到憲法保障。

政黨也是，任憑誰上台，都是追求台灣長治久安。選舉時儘管有人會說一些「終結」對方之類的話，民主環境中的政治人物也不會眞的這麼做。上台的人一定愛台灣，何況還有人民、媒體在監督，會用選票決定下次要不要換人。

政治人物說了再多口號，當選之後還是要回到實際的路線上，否則沒有辦法執政。所以不同黨派候選人的差異，其實沒有想像中那麼大。

台灣幾乎年年有選舉，大家更應該尊重多元的意見，不要擔心哪個人選上，台灣就會沉到太平洋底下；或誰選上，台灣一定會好的不得了。其實都不會如此。

台灣很多人對於政治還處在「迷信」階段，相信未來會逐漸成熟。社會上看起來好像爲了「藍色」、「綠色」的對立吵鬧不休，其實只要彼此尊重，就完全不必憂慮社會分裂。像我們的團體裡，各個政黨的支持者都有，但大家彼此尊重各自不同的選擇，所以能夠非常平安和諧的共處。

只要彼此尊重，就完全不必憂慮社會分裂。

把仇恨留在過去

問

大家都在講「和解」。不只在政治，人和人之間也常常會因為宿怨、仇恨而區隔。但是，「和解」要怎麼開始呢？心中有怨恨未消，又要如何寬恕呢？

答

二月二十八日的那天早上，我看到報紙上有本省人主張，說「二二八不是外省人的原罪」。這樣的主張我覺得很好，但是，歷史的教訓不能忘記。

對於「二二八事件」我並沒有研究，但凡是歷史上的不幸或是慘劇，都應該讓它回歸歷史。也許以後還有人發現更多歷史資料，對於曾經發生過的事情有更多認知，但對於活在當下的我們而言，歷史上的仇恨已不屬於我們。我們應該和平相處，記得歷史的教訓就夠了。

我覺得，根本沒有所謂「和解」的問題，因爲仇恨早已經過去。人，沒有絕對的好人、壞人，只要觀念對、做對的事情，就是好人；即使一時做了錯事、壞事，這個人也不一定就是壞人，因爲佛家說，眾生都可以成佛，難道沒聽說，放下屠刀及回頭是岸嗎？

即使是犯了罪、被關進監獄的人，因爲他已經被判了刑、受到懲罰，我們還要再憎恨他嗎？一旦他們重新回到社會，大家應該歡迎、接受，讓他可以爲人群貢獻力量。當然也有人是累犯、慣犯，這些人會再度被關起來；但犯過罪的人只要服完刑責，願重新做人，就應該讓他們回到社會，有機會重生。

二二八是大時代的悲劇，這是一個歷史的事件。它也許有對有錯，但是我們不能因此去區分誰是好人、誰是壞人。讓它回歸歷史吧。

現在也有人在談「寬恕」。有人說，對經歷過痛苦怨恨的人，不知道加害者是誰，要怎麼寬恕？但我要反過來問，懷抱著「怨恨」，是快樂的呢？還是痛苦的呢？如果認爲怨恨很痛苦，就必須自己先放下仇恨心，才能釋懷。

我的一位朋友，是中研院院士、交通大學校長張俊彥先生，他也是二二八受難者的家屬，但他自己很少去講這些事情。我知道，他早就從怨恨的陰影中走出來了。

走出陰霾，就沒有怨恨，也就沒有如何寬恕仇敵的問題。不要一直記著別人的錯，佛法講解脫，並不是要讓別人解脫我，而是我自己的內心要先化解問題，才能得到眞解脫。

如果認為怨恨很痛苦，就必須自己先放下仇恨心，才能釋懷。

心靈環保解仇恨

問　恐怖分子不時出擊，即使強國早有防備，卻仍阻止不了恐怖攻擊。許多人罵主戰的美國和英國，世人好像倒有點同情恐怖分子了。法師怎麼看？

答　這是因果循環。恐怖行動或反恐怖行動，都使用暴力，這是錯誤的，以暴制暴，永無了期。

但世人愚癡，總一再犯下同樣的錯誤。以前說：「秀才遇到兵，有理說不清。」但現在是，秀才講不清，就找兵來打兵，這樣行嗎？能解決問題嗎？

或許暴力的結果是，有一方暫時屈服，卻養精蓄銳，等著有一天復仇。武俠小說不都有這樣的情節嗎？因爲復仇練武的高手，終於打遍天下無敵手，等他老了，想金盆洗手、退隱山林，但成嗎？不成，因爲他又成了別人的敵人，還有許多後生小輩學武有成，下山尋仇了。使用暴力的高手，終究要死於刀槍下。好比日本的武士道也是這樣，代代尋仇，又有什麼意思呢？人活著不該只是爲了復仇，要有更積極、建設性的意義。

以色列和巴基斯坦問題不是容易解決的，打從舊約時代就互相壓迫，宗教加上民族仇恨，以及近代的政治恩怨，這結已是難解。

我上次去中東，那裡的穆斯林，念念不忘以英美爲首的盟軍，對中東國家所做的壓迫，他們稱爲「新十字軍東征」。英美等國，現在雖比阿拉伯回教國家強盛，但是一時打贏，並不能遏止暗中活動的恐怖分子。除非殺光所有穆斯林，否則受到欺壓的穆斯林，世世代代都要來復仇的。

要解決層出不窮的恐怖攻擊，不是消滅，而是化解。我在西方世界、回教世界，都是說同樣的話：「戰爭是錯誤的；恐怖攻擊也是錯誤的。」暴力無法解決任何事。

《孫子兵法》說「不戰而屈人之兵」是最高戰略，殺戮不是高明的辦法。我期待英美能想出更好的解決之道，比如以經濟援助、教育援助、文化交流等來釋放善意，不要以自己的宗教信仰來統治全世界。

像佛教就不會想要把全世界的人都變成佛教徒，眾生自有不信佛的人，雖然度盡眾生是我們的責任，但這不是可以馬上完成的事。

「度」字的意思不是指讓大家變成佛教徒，只要不打仗、不傷害人，有好生之德，都算是佛教徒、都是佛陀的信徒；這也是我提倡「心靈環保」的意思，任何宗教、政治立場的人，只要認同心靈環保，都算是同道了。

要解決層出不窮的恐怖攻擊，不是消滅，而是化解。

把怨仇一筆勾銷

問

我們常看到有些地區戰禍頻仍，有些地區則長年鬧饑荒，為何那裡的人要受這種苦，難道說是上輩子造的「業」嗎？

答

這個問題，不能用「上輩子造業，這一生受苦」一句話來輕易解釋。佛教講的因果，不能這樣表相、簡化地帶過。佛教說因果，有大環境的因果，以及個人多生多劫累積起來的因果；種種因果推力，使人在某一生之中接受某些災難。

「業」，大體可分成「共業」和「不共業」兩大類。有個人單獨造作的，也有與他人共同造作的；有的雖然單獨造作，但可能與他人承受同一業力，有的雖與他人共同造作，卻有個人程度輕重的不同。

不過，在個人因果之外，還有整個民族的因果。比如以色列與巴勒斯坦之間的衝突，主要在猶太教徒與伊斯蘭教徒為耶路撒冷聖地的爭奪，那裡既是猶太教的聖地，也是伊斯蘭教的聖地；這兩個種族從古代的祖先開始，爭到現在還未停下來。

猶太人亡國幾千年後，在二次大戰後才重新建立以色列，由於這片以色列的領土上，原來即有巴勒斯坦的住民，他們也住了幾百個世代，彼此互不相讓，造成以、巴衝突，互相攻擊，仇恨愈結愈深，這是民族的因果。

至於個人的因果，是因為累生累劫的「業」的總合，所以誕生在一定的環境中。一生下來，就承襲了自己民族對其他民族的怨恨，對於「異」民族仇視以對立，仇視就產生戰爭，屠殺、破壞，怨怨相報，沒完沒了。

站在佛教的立場，怨家宜解不宜結，幾千年的問題，最好能彼此原諒，才能一筆勾銷。彼此有地方住即可，不一定要把所有的土地佔爲己有，也就是說共生共榮，尊重對方的文化與信仰。其實我到了耶路撒冷，看到當地的百姓彼此間確實是可以和平相處的，不一定每天、每事都有爭端。如果堅持一定要報復，採取激進的手段相互攻擊，則戰端永遠無法停止，戰火也難停息，最後只會相互毀滅，同歸於盡。戰爭最容易造成地區性的飢荒，流行病也會因此傳播。

不同的民族也許會有不同的宗教信仰，但最好都能回歸每個宗教宣揚「愛」的立場，唯有拋開仇恨，學習包容、原諒、寬恕，才能開啓和平的契機。

唯有拋開仇恨，學習包容、原諒、寬恕，才能開啓和平的契機。

從兩岸伸出友誼的手

問

最近中共制定〈反分裂法〉，在台灣有人就以「反〈反分裂法〉」行動反制。兩岸情勢好像很緊張，似乎走到戰爭的邊緣，很不安定。這樣的日子真是人心惶惶。

答

我們在世界上生存的每一天，都會遇到這種狀況，很多夫妻、家庭，甚至同性質的企業與企業之間，經常都在面對分裂、整合、競爭的問題。

有競爭才能成長，但不要把對手當敵人，要把對手當成幫助自己成長的「好朋友」，不但自己得到成長，也可以爲社會提供更好的服務，最後受益的是大眾。不要只看兩岸，其實從二十世紀到二十一世紀的現在，地球上經常出現兩大陣營對立，兩次世界大戰都是這樣，即使二次戰後，世界上也還是冷戰對立。現在，更不只兩大陣營了。

台灣海峽兩岸距離很近，雖然文化的淵源相同，但社會結構、政府體制、判斷的標準，頗多不同，當然彼此會有歧異。過去，我們說要反攻大陸，大陸則要解放台灣，戰爭幾乎一觸即發，大半個世紀以來，都是在戰爭邊緣。現在，五十多年過去，若要跟那時候兩岸劍拔弩張的情況相比，我反而覺得，現在比過去都更安全一些。

我不是政治人物，未來兩岸要如何發展，我不清楚，但我知道，居安思危是需要的，但不能「風聲鶴唳」。應該把台灣經營好，向中國大陸伸出友誼的手，大陸也應以慈悲的方式給台灣多一些關心，來穩定兩岸的關係，這樣就沒有大問題，戰爭就不會發生。

大家都怕戰爭，但毋須過度恐慌。即使是巴勒斯坦和以色列不時處在戰爭狀態中，那裡的人民還是照常過日子。我去巴勒斯坦和以色列時，問當地人：「不恐懼戰爭和爆炸嗎？」他們告訴我說很恐懼，但生活還是要過，畢竟被炸死的人只是少數，雙方人民的生活都仍然繼續。比起來，我們在台灣的生活非常安定，又有什麼好天天憂心的呢？再從佛教的觀點看，人的禍福是有一定的，但命運也可以改變的。怎麼做呢？多做善事、對人類社會有幫助，很可能因此避開戰禍。

有人替我看手相、批八字，說我只可以活到六十歲；但時間到了，閻羅王卻忘了，我七十六歲了，還是活得好好的。我的生命是奉獻出來的，多活一天，不是爲自己，而是爲眾生，我不爲每一天憂慮。

居安思危是需要的，但不能「風聲鶴唳」。

到窮國當義工

問

近來非洲貧窮議題，在世界各地引起討論，希望世界上富有的國家，能免除窮國的外債，因為貧窮讓非洲民不聊生，平均每五分鐘，就有一個嬰兒死亡。這些消息不免讓人起惻隱之心，但我們只是台灣的小人物，能怎麼做呢？

答

首先，我們要正確地認識非洲，並不是每個非洲國家都是窮困的；但是，大部分人是藉媒體的報導來認識非洲，總以爲那裡是「黑暗大陸」，住的都是又窮又苦的人。

貧窮問題在我小時候，是很普遍的。我是一九三〇年出生的，那時候的亞洲，除了日本是強國，中國、印度這些大國都是窮的，更別提其他國家了。美國小說家賽珍珠（Pearl S. Buck），對當時中國大陸的貧窮，有很生動的描寫，到處兵荒馬亂，旱災、水災也連年不斷，人民平均壽命只有二十幾歲。那時候，人民很苦，飢餓、衛生不佳、戰亂，還有政治腐敗，民不聊生，就如同現在許多非洲國家一樣。而窮國貧窮的原因，幾乎都很類似，除了天災，還有人謀不臧、教育落後。

聯合國和各種世界組織現在都在思考，如何解決非洲的貧窮？許多社運團體更對有錢國家施加壓力，要他們採取行動，因爲富國控制了世界經濟的命脈，有能力的一方，更有責任幫助弱者。

但我想，由窮國移民先進國家，已有能力改善自己命運的人，也有責任協助貧窮的母國，如果這樣的人能回祖國改革，加上外援，效果會大得多。可惜的是，多半能到歐美留學的人，享有富裕生活，就不想再回國受苦了。

除了減免窮國外債，更要扶植他們有能力改善及治理國家。這時，教育就很重要，否則送去再多的資源也沒用。大家難免擔心，資源是不是只流到少數權貴手中，接著流到瑞士銀行的私人戶頭裡，而窮人依舊受苦？

過去台灣派農耕隊、工程隊去幫助弱小國家，希望他們學到技術後能改善人民的生活。但有了技術，人的思想、生活態度也要改變，要懂得儲存糧食、積極工作。台灣的民眾如果對非洲受苦的窮人動了惻隱之心，個人可以透過一些團體援助，或者到當地當義工，最好先學會當地語言，可以在那裡當老師。像護士、醫師等人才，應該都很需要。

現在，地球村的人都要互相幫助。法鼓山在南亞海嘯之後，我們的義工到斯里蘭卡建了台灣村，讓失去家園的人有地方安身；我們有五年計畫，建村之後，尚有後續的安心服務。

台灣現在漸漸有出國當義工的風氣了，許多青年趁著年輕到貧窮國家幫忙，貢獻自己心力，對他們個人都有很大收穫，是人生很好的歷練。不過出發之前，要訓練義工先學會照顧自己，才能服務他人。

家庭溝通

小爸媽問題多

問

由於十五歲的少年一不小心就當了爸爸，十五歲的少年、少女只好結婚，少年輟學去打工賺錢，少女很想離婚。可憐小女嬰不知誰能接手帶下去，等著她的並不是很好的成長環境，她的未來真令人憂慮。

答

十五、六歲的孩子因爲對性的無知，糊里糊塗就當了父母，小孩生下來，誰來帶呢？小爸爸爲了養育小孩，也許會去打工，但這僅能維持一段時間，因爲小孩是在小爸媽沒有心理準備下來到人間，孩子不是他們要的，小爸媽也沒有謀生能力，對孩子沒有責任感，甚至想丟掉，這是很糟糕的。

小孩出生了，大人一定要負起責任。如果自己無法照顧，可以隔代照顧，請祖父母或外祖父母代爲照顧；如果祖父母、外祖父母沒辦法照顧，也可考慮交給家族裡願意負起養育責任的人，無論是遠親或近親，都可把小孩帶大。

一個家庭裡，多一個小孩也沒什麼關係，如果家裡本來就有小孩，還可以給小朋友多一個玩伴。如果大家都沒有辦法扶養小孩，那只有讓政府或民間的公益團體收養了。至於這個小孩的未來會怎樣，那就要看他的因緣了。如果遇到一個好環境，棄兒也能成爲傑出人才。

我有一位信眾，小時候被遺棄在馬路邊，後來在孤兒院長大，但他不自卑，現在是政府單位的中高階主管。原先他有些恨父母，但皈依佛法之後，開始接受事實，心懷感恩，雖然他仍然不知父母是誰。

美國有位二十五、六歲的黑人女子，從十三歲開始就年年生孩子，她沒有結婚，卻一再懷孕，在醫院生完小孩就跑了，從不管小孩生死。美國有機構收容棄養嬰兒，由整個社會福利機構照顧他們。但這些小孩長大後，因生活在下層社會裡，除非是本身能力傑出，才有可能在娛樂及體育界出人頭地，否則很難有好成就。

同樣是生命，不被期待的小孩，沒有辦法得到父母的全心照顧，人生的機會就被剝奪了。就算社會機構伸出援手，對小孩也是不公平的。我們所擔心的是青少年不負責任的行爲，因爲這是許多社會問題的源頭，未成年就未婚懷孕，可能造成棄嬰、兒童虐待……等種種問題。小爸媽因爲失學，長大了失業，生下的孩子不學好，所有問題又可能再循環一遍。

所以，家長、老師、社會大眾，應該給青少年更多的責任感及性教育，以避免這種事一再發生，造成許多遺憾。

不被期待的小孩，沒有辦法得到父母的全心照顧，人生的機會就被剝奪了。

奉子不離婚

問

近來有一些女星、名人奉子成婚，懷孕了才結婚，或是孩子生了才結婚。有人以為，現代人結婚率及生育率都低，奉子成婚沒什麼不好，反而促進生育率，國外也是如此。法師覺得呢？

答

站在我的信仰立場，以及社會結構、家庭關係思考，我認爲「奉子結婚」是不正常的。沒有準備好過婚姻生活，很容易就出問題。

「奉子結婚」對家庭來說，孩子生下，原本是很好的，問題在於許多女孩懷孕了，或孩子都生下來了，仍然不結婚，家庭不健全，孩子成長過程中，也會受到影響，造成陰影。

我在美國時，認識一位好萊塢女明星的爸爸，女明星很年輕就懷孕了，要結婚，婚前小倆口還高興地準備著嬰兒用品，沒幾年後，夫妻就離婚。這在演藝界是常見的事。對婚姻不重視的心態，即使「奉子成婚」，並不意味就不會離婚。我認爲，「奉子成婚」後，就應負起父母的責任：「奉子不離婚。」這樣對社會、家庭、孩子都是健康的。

現在人婚姻觀念很淡薄，即使是談戀愛結婚的人，也很容易離婚。台灣現在的離婚率非常高，夫妻離異，往往不考慮小孩；如果考慮到小孩的未來及感受，雙方會彼此忍讓，就不容易離婚。

「奉子結婚」沒有什麼不好，不過，一定還得遵守「奉子不離婚」。如果對孩子沒有責任觀念，無論是「奉子成婚」，或是非「奉子成婚」，結婚生子還是會出問題。

曾經有對夫婦鬧離婚，所有的條件都辦好了，離婚協議書也簽好了，他們告訴我因爲兩人個性、想法不合，分手比較好一些。我就問他們：「你們不是有孩子嗎？離婚後小孩怎麼辦？」他們說：「協議好了，孩子由媽媽帶，爸爸會常來看小孩。」

我說：「這對孩子不公平，孩子無法常常看到父親，會沒有安全感，人家會把小孩看成孤兒一樣，這對小孩的負面影響太大了。」我勸他們爲了小孩，要相互學習、包容、體諒，還是可以生活在一起，對孩子也是大功德。後來他們把離婚協議書撕了，到現在夫妻感情都很好。

我要呼籲，現代人應是「奉子不離婚」。

「奉子不離婚」，這樣對社會、家庭、孩子都是健康的。

讓孩子走自己的路

問

台灣人小孩愈生愈少，父母的期望也愈高，許多年輕學生，因壓力得了憂鬱症，不少人習慣性自殘。曾有學生跟您尋求智慧嗎？您會對很怕輸給別人的父母和孩子怎麼說呢？

答

常有父母在孩子考試前來找我，求佛菩薩賜給孩子智慧，保佑孩子考運好一些。任何宗教都有祈禱的儀式，求得心理的平安。智慧不是我給的，是佛菩薩給的感應。但經過這種儀式，信徒的心就比較安定了；父母心安，也讓孩子心安，智慧就被啓發了。

我會建議父母對考生說：「如果考上好的學校，那很好；如果考不上，就接受事實。」雖然念了名校，畢業之後可能會有更好的前途；念的不是名校，起跑時可能辛苦一些，只要持續努力，也不一定沒有好的出路。

有些出生偏遠地區的孩子，求學環境裡沒有名師、也沒有名校，但他自己很用功、勤勉，小學和中學都是普通的學校，但大學可能就考上名校。即使一生進不了名校，只要相信「三百六十行，行行出狀元」，考不到名校的狀元，出了社會，自己好好努力，還是有機會在某個行業中成爲狀元。

西方人對孩子的教育態度就自由一點，有些孩子高中畢業後，不想上大學，也不找工作，想要先出國「流浪」，看看世界，累積經驗，父母也不會反對，反而覺得年輕人多一些閱世的經驗也很好。

三十年前，我有位美國的嬉皮型學生，他高中畢業就向我告假，說要跟女朋友去流浪，從北美旅遊到中南美。我問他：「你準備了多少錢？」他說：「沒有錢。」問他怎麼過日子？他說保證沒問題。只要在路邊豎起大拇指，就可以搭便車，睡覺就睡教堂、公園、車站，也可以沿路打散工，換取最簡單的飲食。

兩年後，他們回來了，又黑又瘦，頭髮好長，連衣服都破了。他們說，當到美國的南方時，因爲已將白皮膚曬得太黑了，有些白人還不想跟他們在一起。

他告訴我：「現在我們要去上大學了。」那之前的兩年是不是浪費了呢？他們一點也不覺得，倒認爲是非常充實而有用的。那他父母怎麼想呢？他說，父母當然是贊成的，就算不同意也沒辦法，他已經決定要這麼做了。

現在，這兩名年輕人成了律師。所以，孩子現在不想念書，父母不用太煩惱，應該先弄清楚他的想法和選擇。台灣父母都有這個問題：把孩子照顧得太多、太好了，不僅讀書、結婚、就業都要操心和安排；就算孩子已結婚生子，還要爲第三代擔心。

四十年前，我曾見到有一位醫師父親，眼看兒子不太想念書，他只好一關關塞錢，讓兒子進了一家醫學院，父親還在學校捐了一棟建築物。兒子果然從醫學院畢了業，也成了醫師，繼承父親的醫院，當了院長，但他不太會看病，反正院裡有其他的醫師幫他看。看起來，他一生順遂，但對這兒子來說，眞是好事嗎？其實，他好可憐，這一生都不是自己的了。

奉勸天下父母，即使再疼惜自己的孩子，還是放手讓他獨力奮鬥，因爲人生路要靠自己走出路來，孩子才會有自尊跟自信，這樣的人生才會有意義。

再疼惜自己的孩子，還是放手讓他獨力奮鬥，因為人生路要靠自己走出路來，孩子才會有自尊跟自信，這樣的人生才會有意義。

以佛心陪孩子成長

問

原本我們以為小孩子是天真、無憂無慮的，但其實現在的憂鬱症、恐慌症病患年齡正在降低，小孩、青少年也有不少煩惱，學業、青春痘、體重、交朋友都有許多壓力，甚至造成自殺，快樂童年很早就結束。大人該怎麼幫助小孩呢？

答

大家以爲小孩子應該是天眞、無憂的，其實不然。如果生活在溫馨的家庭，孩子的確無憂無慮，因爲沒有什麼事情要他們擔心，窮困不是太大的問題。

有人說「回家的感覺眞好」，因爲家是避風港，是溫暖的、可以止痛療傷的地方。然而如果家庭是破碎的，或者父母的感情不好，充滿暴戾之氣，那麼在這種環境中成長的小孩就沒有安全感，不知道什麼時候會被遺棄。還有，童年時常有一些夢幻、想像，可是他們所看到、聽到的，都和夢想中的不一樣，在這種情況下，很難快樂得起來。

至於學業，如果父母或老師成天逼小孩讀書，期待他長大有出息，但小孩卻成了考試的機器，在這樣的要求下，小孩會很痛苦。學業不是問題，而是父母、老師及周邊人們對學業的認知、對價值觀的判斷有了問題，認為小孩書讀得不好就麻煩了，考不取學校就沒有前途，這都是不健康環境產生的問題。

還有，青春痘、體重等生理上的問題，如果父母、師長可以善加引導，也就不會有大問題。對青春期的孩子來說，長了青春痘，有的覺得不敢見人。其實青春痘可尋求醫師治療，或者從飲食方面改善，還有心理上的調適，都能夠解決的。

另外，現在的小胖子很多，當他們遇到這些問題，自己不知道怎麼辦，會覺得痛苦，大人這時就要幫忙解決問題，讓孩子苗條一些、健康一些，都是辦得到的。

佛法說「眾生剛強，難調難化」，因爲眾生難度，所以佛透過跟眾生相處，瞭解需求；要是眾生的需求有些不正確，就要告訴他們不正確的需求可能帶來痛苦，然後指出一條通往快樂的道路。

做父母的，需要多花些時間在孩子身上，像佛度眾生那樣的用慈悲心來幫助孩子成長。不要只是供孩子讀書，卻沒有眞正的跟他們談心。

做父母的，需要多花些時間在孩子身上，像佛度眾生那樣的用慈悲心來幫助孩子成長。

我不是小流氓

問

每天都有情殺、家庭暴力案件發生，有些人覺得，電視新聞快要成為「不適合兒童觀賞」的節目了，因為節目充滿暴力。新聞反映社會，是社會太過暴力，要如何才能消弭呢？

答

我小時候喜歡看《水滸傳》，當時有人這麼說：「少不看《水滸》，老不看《三國》。」《三國演義》裡有奸詐陰謀，老人看了《三國》，變成奸詐；少年人看了《水滸傳》，動不動就打架，成了兇狠好鬥。但實情不一定是如此。比如我也看《水滸傳》，但是我後來做和尙，並沒有成爲綠林好漢。

現在電視新聞報導的打打殺殺，小孩子有可能模仿的。我也常看到一群小孩拿著玩具手槍，相互比著，扮演警察與強盜，這大概也是從電視上學來的。但是演警察的小孩，長大了不見得會變成警察；扮演強盜的，以後不見得就會變壞，這不能這樣推論的。

大人當然不能忽視媒體的影響力。社會發生重大案件，電視新聞不太可能不報導，家長也很難完全禁止孩子看電視。所以，父母最好陪著孩子一起看新聞，或是兄姊陪著看，一邊看一邊跟孩子解釋，為什麼社會發生這些案件，也可以帶入是非觀念或是因果觀念，凡是殺人的，下場不會好的；被殺的，當然很悲慘。因為別人做的壞事，造成受害者全家的痛苦，為自己種下惡因。

透過這樣的教育，家長只要多用心，或學校老師在上課時多提示一下，那麼社會重大的暴力案子，也可以有正面的教育效果，就看家長及師長有沒有以此為機會教育。就因為現在的媒體環境是重大刑案在電視不斷重播，眞要做到小孩子不准看，這是不可能的。

禁止不如教育，家長靠愛心與智慧就能解決。首先要讓孩子能辨別鏡頭所呈現的是社會亂象，是不正常的，惡念會造成社會不安、對峙。教孩子自己思考，如果我遇到傷害，該怎麼面對？

如果家長和教師沒有機會教育，小孩的偏差思想就無法導正，可能受到壞的資訊的影響，有樣學樣。有些父母過度刺激了孩子，反而讓孩子走上岔路，孩子可能會抱怨說：「我本來不是小流氓，是爸媽害我變成小流氓。」小孩因此就去偷東西、打人，從此就走偏了。大人的關心與機會教育，對小孩的成長很重要。

禁止不如教育，家長靠愛心與智慧就能解決。

以勉勵代替責罵

問

有些父母對子女説話都是疾言厲色，連關愛也以責罵表達。比如：「天這麼冷，為什麼不穿衣服？」「為何公司這次陞遷沒有你，一定是你程度太差。」結果造成親子關係日趨疏遠，親子的難題要如何解決呢？

答

父母總希望爲孩子好，但孩子長大了，從學校、同儕、書本中得到許多知識，有他們自己的判斷力、想像力和自主性，不想被父母過度干涉。如果父母還是把子女視爲兩、三歲的小孩子般，非要孩子完全聽從自己，一定會有摩擦。

現代父母必須多瞭解子女，從旁輔導、勉勵，和他商量、引導，而非責罵。比如說，小孩英文不好，應和他說明英文的重要，拿一些英文漫畫給他看，激發他的興趣。如能採取這種方式和小孩溝通會好得多，而非動不動就罵：「不學好、不上進，英文這麼差。」這種管教不夠慈悲，也不夠瞭解孩子，且傷了孩子的自尊。

傳統父母不習慣甜言蜜語，只會命令或責罵，有時明明是要表達關心的，比如關心孩子的飲食，就命令：「快點把湯喝掉！」要孩子用功，就罵：「考這麼差，一定是你太懶惰！」像這樣的責備訓話只會增加孩子的反感，感受不到父母的愛。

我們許多信眾的小孩年幼時隨父母到寺院來，但國中以後，就不想再和父母一起上寺院了。因爲孩子大了，有自己的天地、玩伴；但有些父母失望之餘，卻怪孩子不再聽父母的話。

我會勸信眾：「平日應該利用時間與孩子談談心情、未來的方向，最近學習的困難、心得。利用機會和孩子做朋友，讓孩子理解父母的用心，孩子才會想要跟你們在一起。」

當父母要到法鼓山，可以告知孩子：「到寺院可以讓頭腦清醒，釋放內心的緊張與不舒服。」從孩子的角度出發，孩子大半會聽進去，會想隨父母來。

有一位信眾常常責罵、批評小孩，小孩愈來愈不聽話。他來問我怎麼辦？我說：「你不僅要做父親，也要做孩子的朋友；孩子有多高，你就站在和孩子一樣的高度去瞭解他。」我認爲親子溝通的方式，不是要孩子依你的意見怎麼走、怎麼做，而是依孩子立場，當小孩的顧問。

當大人的態度改變，孩子也會跟著改變。就讓大人先改變吧。

不是要孩子依你的意見怎麼走、怎麼做，而是依孩子立場，當小孩的顧問。

尊重孩子的意願

問

現代醫術進步，如果有一天父母為了救治罹患重症的孩子，要求基因相近的二兒子捐血、捐器官救大兒子，這樣做是不是妥當呢？

答

現在人輸血、捐血已經是很平常的事，只要血型符合，都可以捐血，並不會影響捐血者的健康，這是比較沒有問題的。不過，器官捐贈的問題就複雜些。因爲器官捐贈以後，不能再生，捐贈者甚至成了殘障者，茲事體大。

有血緣關係的父母、兄弟姊妹，爲了救自己的親人，願意將自己的器官捐出一部分，例如捐肝、捐腎等救親人，這種作法大多獲得社會的支持與敬佩。不過，我們也要考量，捐出一個器官，就會少了一個，可能會影響到自己的身體功能，捐贈者還是要經過審慎評估。

比如說，每個人有左、右兩個腎臟，切除一邊，只要另一邊的腎可以正常運作，影響還不致於太大；但如果捐贈者健康也不理想，切除一邊腎臟會有嚴重後遺症，那就不可爲了救家人而貿然行事了。

捐與不捐，在家屬之間，當然有情感上的考量。比如，如果父母爲了救重病的老大，非常希望體質相近的老二捐出器官，最重要的是尊重老二的意願，爲孩子明白解說其中可能的利害，要讓孩子自己作主，不能由父母強迫要求。

父母強迫孩子捐贈器官給其他的孩子，並不是好辦法，雖說救人一命勝造七級浮屠，那是出於自願的善心；若是強迫，除了不太人道外，也沒有尊重到個體的獨立性。

比方說，弟弟果眞依了父母的要求捐贈器官救了哥哥性命，未來弟弟的身體產生後遺症，他可能會怨父母一輩子，家人之間的感情也會蒙上陰影。生了病的老大也應以平常心態面對病情，不能因爲自己病了，非要弟弟來分擔自己的命運不可。

兄弟、姊妹、夫婦、家族，雖可說是生命共同體，彼此應相互依存，這種說法可以說是理想。實際上每一個生命都是獨立的，既然是獨立的，就要尊重每一個獨立生命的意願。如果強迫親人將器官移植，對罹患重症者來說，即使接受移植的器官，但在心理、精神上也會是一種負擔。

佛家說：個人有個人的福報、因緣，有的人一出生就有病，有人一生中都很健康，許多事情不可強求。

每一個生命都是獨立的，既然是獨立的，就要尊重每一個獨立生命的意願。

悲哀小皇帝

問

現代人小孩生得少，甚至不生，有很多孩子是獨生子女，沒有兄弟姊妹，獨享父母的愛，卻少了忍讓的機會，有專家說，這是「小皇帝」的時代，愛與寵的分寸，該如何拿捏呢？

答

中國大陸因人口太多，必須要有所控制，二十多年前就限制生產，推行「一胎化」，每個家庭的獨生孩子都像「小皇帝」一般，這問題至今沒有改善。

在日本，老人多，社會是高齡化、少子化；在美國，新移民家庭較不會有獨生子女的問題，但高知識水準的家庭，這些高薪的夫婦大都不希望生太多孩子，且這種現象愈來愈多。

至於說，如何對待獨生子，其實任何一個時代、任何一個社會環境，獨生子往往是比較幸福，卻也是比較倒楣的。幸福的是，父母會把所有的愛都投入在這個孩子身上，如果祖父母還在世，更視獨生子為「命根子」、「寶貝」般地疼愛。總之，獨生子獲得多方的關懷、照顧，可說集眾愛於一身。

但獨生子因沒有兄弟姊妹陪伴著一起長大，往往個性比較孤僻，因而和其他家庭的孩子不一樣，反而會很羨慕一般家庭的小孩。如果因為是獨子，父母不忍心管教，孩子變得驕縱、任性、頑劣的可能性便會增加。我們看竹林，如果一片竹林，每根都長得很直，但零星長大的竹子，可能就會長得歪七扭八。因此環境影響很大，如果樣樣遷就小孩，不去管教他，反而是害了他。

我曾經遇到一位四十多歲的男士，他受了很好的教育，卻找不到工作，也娶不到老婆。有一次他來見我，他說：「人生很灰暗。」我問他：「你一表人才，又受了高等教育，人生怎麼會灰暗呢？」

他說：「很遺憾自己是獨子，因父母疼愛，從小就任性、天眞、傲慢。大學畢業時，父母過世留下一些財產，但因不會理財，加上幾次投資上當受騙，如今錢都沒有了，也沒有手足可以互相扶持和商量，現在是一片茫然，後半輩子不知怎麼過下去？」我對他的建議是：面對現實的生活，勇敢地重新開始、學習和適應，還是可以成爲一個成功的人。

這是他身爲獨生子的悲哀。希望獨生子的父母要以正常方式來管教孩子，用錢、做人、態度都要好好教導，如此長大才能成才。

如果樣樣遷就小孩，不去管教他，反而是害了他。

青少年為何迷戀網路？

問

很多父母很擔心，孩子沉迷網路，每天掛在網上不肯下來，甚至有些父母還必須為電腦上鎖。青少年迷戀網路好嗎？除了流行和時髦，還有什麼是吸引青少年沉迷網路的原因？

答

我不用網路，也不懂網路，但我可以體會年輕人爲什麼迷戀網路。因爲他們對現實的世界感到陌生，對外界懷著恐懼、沒有勇氣和別人接觸，也因此交不到朋友。但是在網路世界，這些都會變得容易。

在眞實世界中，交朋友可能有許多風險，例如戀愛可能會中止，交往也可能會分手。但是在網路世界不一樣，年輕人可以用假身分與別人交往，好像自己躲在暗處觀察形形色色的人，感覺起來比在眞實社會安全得多，即使意見不同吵架了，也不會有危險。

然而，網路對年輕人而言，還是存在著危險。第一是，很多年輕人不會選擇，沉迷於某些題材和內容，很容易受到影響，甚至被這些內容洗腦。第二是，年輕人一旦習慣處在網路世界，對眞實社會的感情和生命，反而更難以體悟。

相反的，我也看到許多年輕漫畫家、作家，利用網路發展很好的事業，甚至成立公司。例如有位年輕作家紅膠囊，會畫畫寫文章，在網路上結交許多好朋友。還有位小女孩沈芯菱，才十歲就利用網路幫爺爺賣柳丁，銷路比以往增加很多，對買方、賣方都實惠，這些都是使用電腦和網路很好的例子。

所以我覺得，年輕人著迷電腦和網路，不一定是壞事，但要看孩子如何使用這些工具。在這方面，父母要多關心，瞭解孩子在網路上到底在做些什麼。

化解兩代教養的爭執

問

現代人孩子生得少，祖父母和父母都視若珍寶，但有時兩代的教養方式不同，比如祖父母怕小孩吃不飽，一定要餵完小孩碗裡的食物；父母卻隨孩子的意，不想吃就不餵。孫子成了兩代的爭執點，這該怎麼化解？

答

祖父母照顧孫子女，往往比以前照顧兒女時還用心。因為，祖父母大都退休了，更有時間照顧小孩，因此會更用心。如果兒女希望老人家幫忙照顧孫子女，那身為祖父母者，可以先問一下子女的意見：如何照顧小孫子？習慣怎麼做？這樣不但可以瞭解子女對下一代的教育方式，也可顯示尊重子女的教養權。

有些祖父母不放心，怕年輕的父母不會帶小孩，事實上，帶小孩是可以學習的，而且時代進步，許多傳統觀念已經不太合適現代的教養，祖父母管得太多，反而形成另一種衝突，造成感情上的摩擦。

如果老人家和後輩意見不同時，能夠裝聾作啞，天天笑口常開，做個開心爺爺、開心奶奶，反而能成了家中之寶。如果爲了孫子與媳婦、兒子爭吵，造成家庭不平安，這多麼可惜。

我記得有一位老太太，手中牽著才剛學會走路的小孫子，小孫子充滿活力，橫衝直撞，讓老太太疲於奔命。她上氣不接下氣地說：「我帶不動你，我累死了，要還給你媽媽自己帶。」小孩子年紀小，根本不理會老奶奶，依舊活蹦亂跳。我就問老太太：「帶小孫子是帶來快樂，還是帶來勞累？」老太太說：「我年輕時帶自己小孩，老了還要帶孫子，好累人啊！」

從這件事來看，並不是每位老人家都喜歡帶小孩。因此，爲人子女者，不要認爲老人家理所當然就應該帶孫子，即使希望自己的父母幫忙帶小孩，仍應該抱持感恩的心，如果看到父母教養小孩的方式不一樣，也不要太過度反應。

如果眞不能接受老式的教養方式，就把孩子帶回家自己帶吧。如果僅是一些小的問題，就睜隻眼、閉隻眼，家庭和諧是無價的。兩代大人爲第三代起爭執，問題不在於小孩，而在大人。就佛法來說，就是「法住法位」：回歸到事情的立場來處理，而不要站在個人的主觀態度、習慣和認知來解決，問題就可迎刃而解。

事事要求別人依自己的方法，這就像自己穿了一雙好穿的鞋子，就非得要求別人也和你穿一樣的鞋子一般，弄得別人不快樂，自己也辛苦。如果拋開自我的偏執，就可免去許多不必要的爭執了。

為人子女者，不要認為老人家理所當然就應該帶孫子。

行行都能出人頭地

問

許多父母對兒女長大，選擇職業方向時，沒有按照父母原有的規畫走，感到失望，覺得兒女翅膀硬了，不甩老人家了；可是，兒女認為有理想要實現。如何調適兩代的期望差異呢？

答

父母以「老馬識途」的經驗，看到未來社會的發展方向，希望替子女指出一條路，至於判斷是否正確，往往必須靠資訊的蒐集。

以目前來說，年輕人得到的資訊，可能比父母更多元；不過，父母親的建議仍值得參考，同時加入自己的思考與本身的條件，才能對未來有更好的判斷。也就是說，除了要考慮自己的興趣外，也要有務實考慮。因爲興趣可以當作生活的條件，不能當作謀生的技能，中國人常說：「人有一技之長，可以免於飢凍。」就是這個道理。

年輕人談理想，首先必須能養活自己，而不依賴父母，在這個基礎上，才能思考理想抱負，如果連生活都有困難，又如何談理想呢？但是，執著於傳統認爲萬無一失的好工作，也不一定保險，比如過去銀行業的工作常被視爲金飯碗、鐵飯碗，現在的銀行體質已改變了，不只裁員，甚至可能倒閉或是被合併，已經不再是金飯碗了。

父母的期望也必須考量子女的能力。沒有音樂細胞的人，要如何成爲音樂家？孩子不喜歡做生意，卻可能是作育英才的好老師。孩子的興趣和天分，都要納入考慮。

不過，年輕人剛從大學畢業，對於世界的認識可能還不是很清楚，要精準選擇事業方向，可能會有困難。我認爲，可先選擇比較安全、能讓自己生活較有保障的工作，然後「騎驢找馬」，利用時間，一邊工作、一邊進修，再去尋找是否可以開創新的天地。

曾有一對父母帶著年輕孩子來看我，父母很高興說：「小孩要去讀警察大學，來看師父、拜佛求平安。」但他的兒子，好像對這個父母心中認爲的好學校不感興趣，他不想當警察，滿腹委屈。

我問他：「警察界最有名的人是誰？」他立刻回答：「李昌鈺。」我說：「李昌鈺是台灣警察出身，卻揚名國際。你只要鍥而不捨，也會有自己的成就。」

我告訴他，沒有一個行業是最好的，也沒有一個行業是不好的，要看投入行業之後，是否能夠盡力、合群、奉獻、學習、成長。如能把握這個態度，行行都能出人頭地。

沒有一個行業是最好的，也沒有一個行業是不好的，要看投入行業之後，是否能夠盡力、合群、奉獻、學習、成長。

老來養孫負擔重

問

台灣的隔代教養家庭愈來愈多，許多年輕父母生了小孩，就丟給阿公、阿嬤養。但是，如果阿公、阿嬤環境不好，要出去賺錢，年紀也大了，很難幫助小孩學習。最近，有個小朋友的阿嬤，連入學通知單都看不懂，小朋友上完一年級還不會寫自己的名字，因為太缺乏文化刺激了，連校長都擔心。台灣太少新生兒，也有許多人生了小孩卻不負責任，這是社會的隱憂。

答

我想，隔代教養是台灣社會的家庭型態，由農業社會的大家庭型態，轉變為工商社會的小家庭制度，在這過程中產生的畸型現象。

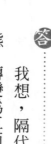

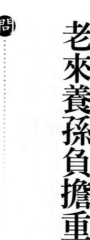

在過去的大家庭裡，小孩是家庭裡每個分子共同照顧的，老人家偶爾逗逗小孫子，是天倫之樂的享受，而不是負擔。現在許多年輕父母需要工作，生了小孩就交給阿公、阿嬤照顧。這樣的例子，我看過很多。但大半不是享受含飴弄孫的樂趣，而是無奈。老人家是不得不帶著小孫子。對六十歲以上老人家來說，帶好動的小孩是很辛苦的。帶一個麻煩，帶幾個更麻煩。

在我觀察，美國及歐洲狀況與台灣不太一樣。西方社會年輕的父母都有工作，但是小孩仍照顧得很好，不會送給阿公、阿嬤去照顧。怎麼辦到的？一般人白天可以把孩子送到托兒所、幼稚園去，有錢的人就請褓母來幫忙，也有幾個家庭互相照顧小孩，採取鄰居互助。如果休假旅行，也是把小孩帶著走的，很少有把小孩丟給老人家的情形。

我想，台灣的年輕父母無法負起照顧小孩的責任，有幾種原因：第一是自己不想帶；第二是經濟不夠好，無法負擔育兒支出，所以送到鄉下交給老年父母；第三是工作忙，不想讓小孩打擾夫妻生活。這都是不負責任，對上不孝順、對下不慈愛。

我知道一對年輕人，女孩只有十三歲，男孩十六歲，兩小無猜卻生了孩子。男孩的母親雖然震驚，卻只能接受事實，趕快下聘娶過門。但是小夫妻自己都還是孩子，不會帶嬰兒，阿嬤只好出面接手。後來，女孩不到十五歲，就跑了。因爲小夫妻的感情沒能禁得起考驗，彼此人格還不成熟，很難負擔育兒責任。男的十七歲，才讀高中，小孩只能靠祖母帶大了。

這樣的情形是很悲哀的。未成年子女的兩性教育，父母要花點心思，否則到頭來，未成年子女生的孩子，卻要父母自己接手，這也算是因果了，自己沒把小夫妻教好，只好老來養孫。但不被期待的小孫子，又是多麼無辜。

老人不堪尿布奶瓶

問

現在有許多老人，不想跟兒子、媳婦住在一起，因為他們也想要有自己的自由，而且幫忙帶孫子，真的太累了。但是，老人怕兒女不諒解，浪費托嬰的褓母費；兒女也怕父母獨居，別人會批評不盡孝道，兩代都很為難。要怎麼做才好呢？

答

這是社會變遷快速，人的觀念來不及跟著變遷的結果。把舊觀念用到新社會下，才有這種矛盾和困擾。有一次，一對夫妻帶著岳母來看我。年輕太太懷孕，岳母手上又抱了一個。原來是去年生了第一胎，今年又有老二了。

我恭喜岳母好福氣，一下子就有兩個外孫了。結果，老人家歎了口氣：「討厭哪！女兒、女婿住在樓下，他們一上班，小孩就送到樓上要我帶；如果我不幫忙照顧，他們就要搬家。我老了，怎麼帶小孩？很累呀！」

我告訴年輕夫妻：「你們沒有別的辦法嗎？」女婿說，太太要生第一胎時，岳母很不放心，怕女兒不會帶，常來指導育兒常識。後來，孩子乾脆給外婆帶，太太就出去找工作了。

「現在，岳母又討厭帶小孩了。我們再想辦法吧。」女婿說。

我想，兩代之間各有各的感受。小孩偶爾讓爺爺、奶奶逗逗，是含飴弄孫、天倫之樂；都交給外公、外婆帶，則是一種包袱。他們已經養過下一代，還要帶第三代，體力已大不如前了，尤其小孩長到一、兩歲之後，帶起來很辛苦。

誰該帶小孩，不是褓母費的問題。有人捨不得兒女付褓母費，於是自己帶；省下的褓母費，就該孝敬幫忙的老一輩。或者，有些家庭付不起褓母費，這時父母就難爲了，只好勉爲其難照顧小孩，不然家庭生計會有問題。

現代的家庭考慮生小孩時，應該量力而爲，能生幾個才生幾個，不論是出生、托嬰，或是未來教育，都要考量負擔能力。如果政府能提供比較好的制度，讓家庭養兒育女的負擔減輕，大家就能輕鬆的帶小孩，不至於勞累上一代帶小孩。

在佛教徒立場，把小孩送回給父母帶，是不孝的。因爲我們被父母養育成人，已經無以回報了，怎麼還要父母幫我們養育下一代呢？如果父母喜歡孫兒女，偶爾看看很好，但千萬不能成爲老人的負擔，讓老人家在尿布奶瓶中糾纏到頭昏眼花，這是非常折騰的。孝順的子女不會讓父母有負擔，這才是天倫之樂，不然何樂之有？

接受同性戀兒子

問

有民意代表罵政府支持同性戀，並說政府有責任教導下一代同性戀是錯誤的行為。雖然大家都知道世界上除了異性戀，還有同性戀，但當父母發現自己的孩子是同志，卻大半是驚恐、自責，甚至親子反目。

答

同性戀不是今天才有的時髦或風潮，古今中外都有這種狀況，佛經裡也有同性戀行爲的記載。也就是說，有人類就有同性戀了。雖然同性戀與異性戀不同，一般人常以爲異性戀是正常、同性戀是不正常，一般看法裡就不太容易接受同性戀；同性戀的人也就常自己組成小群體，更不願與人接近，與社會有了隔閡。

有的父母如果發現自己的小孩是同性戀，會覺得可恥，擔心小孩會被親友看成「不正常」，好像畸形兒一般。同性戀不是畸形兒，他們也是人，但一般人總是戴著有色眼鏡來看，做父母的難免心理上會有壓力，有罪惡感，好像是自己沒教好，沒有好好導正孩子的性向，孩子才變成同性戀。

一位母親來找我，她有三名子女，都很優秀，都受高等教育。但她發現大兒子帶回家的朋友，從沒有女孩子，而且最近常常帶回來的男孩子，竟然開始住下來。

那個母親原本想兩人是好朋友，也不以爲意，只是偶爾發現他們會有親密動作，遮遮掩掩的不給她看見；後來，兩人摟摟抱抱乾脆也不避諱了。這兩個大男孩，平常白天上班去，晚上回家來住，就像夫妻，雙宿雙飛。

母親著急了，問兒子：「兩個男孩子怎麼好這樣呢？」兒子說，他愛的是男人，他是同性戀。

這位母親因此來找我，她說：「家裡有同性戀的兒子，心裡很不是味道。如果趕這個男孩子走，擔心會連兒子也趕跑了；不趕他走，又很不像話，萬一親友知道了，多丟人！」

這個孩子我見過，非常溫柔又優秀，對每個人都很友善。我對她說：「告訴家裡另外兩個孩子，對大哥的同性戀，要接受它、面對它；再者，大兒子和男朋友都有工作了，何不請他們出去自組小家庭呢？讓妳不會那麼不安和不便。」

結果，她的大兒子和男朋友說，兩人還沒有「結婚」，感情也還不穩定，並不想現在自組家庭。倒是他的弟弟、妹妹知道他是同性戀後，馬上搬了出去。

同性戀者不快樂，是因爲自己習性和一般人不同，所以和人格格不入；如果大家不以爲他們是異類，那也就沒有什麼問題。當孩子告訴你，他是同性戀，做父母的只有接受。

單身者適合收養小孩嗎？

問

有些棄嬰無人收養，法令又規定單身者不能收養小孩；但現在單親家庭愈來愈多，證明單親也有照顧小孩的能力，那麼開放單身者收養小孩，不也是好事一樁嗎？

答

這要從開放單身者收養小孩的利和弊來看。單身的人渴望有小孩，希望能有資格依法定程序收養小孩。但反對者認為，單身者不能提供完整的家庭給孩子，或者是單身者可能對小孩有不當的教導。

政府可以考慮，對單身者收養小孩的種種疑慮，是不是可以用一些規定加以補救或防範，而不是完全禁止單身者收養小孩。在還沒有立法以前，只要有能力，任何人都可以收養小孩；現在卻是矯枉過正，許多眞正有意願收養孩子的人，卻沒有資格收養，讓許多小孩無法找到適合的家，有些有能力扶養小孩的人也失去教養兒女的機會。

我在美國的道場曾經協助過一個十六歲的少女，被單身的養父收養了八年，一直都相安無事；直到她長成少女，養父竟然要求她裸睡。女孩跑到道場求助，有女信徒與兒福機構連絡，送女孩到另外一家有父母雙親的寄養家庭。養父是名牙醫，他發現女孩沒有回家，知道一定被檢舉了，連夜搬走。

根據社會經驗，有些人擔心單身者無法提供完整的家庭，會對小孩性侵犯、販賣小孩；或者缺乏其他大人制衡，會虐待小孩。但是，我們從現實案例可以看到，許多虐待或性侵兒童的案例，施暴者反而是他們的父母。

也就是說，完整的雙親家庭也可能有問題父母。養育者是不是單身，並不是對小孩好不好的關鍵，而是要看收養者是不是人格健全、經濟穩定，眞心想要扶養小孩。

所以，爲收養小孩的人設立嚴格的條件，有時是因噎廢食，防止不了虐待兒童問題，卻讓許多有心收養孩子的單身男女不得其門而入。因此，政府有關部門和立法委員要多思考如何能夠解決問題，讓事情能夠圓滿。

每一件事都可能會有利有弊，尤其是和小孩的福利有關的事，更要小心審慎。相關單位應該建立對收養者考核的制度，不論他們是單身或是已婚，從看收養者是不是善待小孩，就能夠防微杜漸。此外，對已懂事的兒童，也可以教育他們該如何保護自己，必要時隨時與兒福機構連繫。

無血緣的家庭聯合國

問

離婚率年年增高，再婚的人也不少。所以，不少家庭是「重新組合」的，父母和子女不一定有血緣關係，或是手足可能不是同一對父母所生。對這樣的新時代產物，相處起來，總有些隔閡，法師有何建議？

答

現代人對婚姻契約看得淡，只怕離婚率會愈來愈高。既然如此，現代人就要有新觀念來看待因離婚、再婚而來的新家庭型態和關係。

我有個美國弟子，三年結三次婚，生下三個孩子，每個孩子的母親都不同。他結第三次婚時，我告誡他，不要再離婚了。幸好，他到現在還沒有離婚，但他告訴我，只要有離婚的理由，還是會離婚，而且還會再結婚。我說：「不需要這麼累吧？」衝動結婚、衝動離婚，都不是好事。孩子因爲大人的決定，被迫要重新適應，也很無辜。

過去婦女如果帶著前夫的孩子再婚，孩子會被視爲「拖油瓶」，因爲孩子和繼父沒有血緣關係，被視爲外人，生活得很痛苦。也有後母虐待前妻兒女的傳聞。其實，能不能把前夫或前妻的孩子視如己出，都是一念之間而已。

我就有位信眾，將先生前妻生的孩子照顧得無微不至，孩子也把她當成生母般親近和孝順，可見這樣的和諧關係不是不可能。家人的感情並不一定非以血緣爲基礎不可，就看自己以什麼心情去對待。

再比如，我們常看到西方人來台灣領養小孩，小孩長大了，再回到台灣尋根。那些小孩有些還有嚴重的殘障，但在國外受到很好的愛護和教育。領養父母認爲，既然要養，就當成自己的小孩，不會因爲沒有血緣關係而有差別，否則就不會千里迢迢來領養了。

但是，台灣有些家庭的觀念還沒辦法調整過來，常會有差別心。比如過去有人將養女當成女傭看待，甚或虐待；但就我所知，也有許多養女被當成親生女兒照顧與疼愛的感人故事。

總之，即使一個家庭像聯合國一樣，有各種不同成員也無妨。能夠成爲家人也是緣分，只要父母心態正確，子女就能有好的家庭關係。隨著社會變化，我們應該以更寬大的心胸來面對、承受，營造新的家族觀念。更何況，即使有血緣關係的家庭，也會發生子女勾心鬥角，爭財產、爭事業的問題。可見家庭是不是和樂，血緣並非是保證的關鍵。

隨著社會變化，我們應該以更寬大的心胸來面對、承受，營造新的家族觀念。

家庭主夫不丟臉

問

以前是「男主外、女主內」，但現在，雙薪家庭是主流，甚至還出現「家庭主夫」。不過，有些人看不起家庭主夫，覺得他們靠太太養，很不光彩；還有人看不開就燒炭自殺了。法師怎麼看家庭主夫呢？

答

這是社會的風氣使然。其實，這個世界上有些地區的夫婦，是女人下田做工，男人在家帶孩子；或者，男人根本不做事，完全靠婦女養家。所以，「男主外、女主內」並不是一定的道理。

但是這種由女人養家的社會，畢竟稀少。現代工商社會裡大部分國家的情況，都是雙薪家庭，因爲只靠丈夫一人的收入，是不夠養家的，要夫婦兩人都有職業，才有辦法支應家庭的開支。少數家庭主婦不用出去工作，那只有當丈夫的事業大、收入高才有辦法。大部分家庭是夫婦兩人都在工作，只好把孩子送到褓母家、托兒所去，家務也委託清潔公司或管家來處理。

但現實的問題是，如果太太有工作，丈夫沒有工作，家庭只靠太太的收入維持生活，丈夫在家照顧家庭，當事人和外界的感受就出問題了。以社會現在的習慣來講，「男主內、女主外」是不大能被接受的。

但是，我們可以反過來想一想，太太能夠有工作，丈夫沒有工作，只要太太不嫌丈夫，丈夫管家事、帶小孩，也沒什麼不好。其他人看了，說這個人沒出息、靠太太吃飯，不必理會。爲什麼這樣就是「沒出息」呢？現在兩性平等，太太能找到好工作，那就成就太太呀！

我曾經看到一對夫婦，他們都是博士，但太太的工作機運較好，有公司高薪聘用她；由於丈夫學的學科比較冷門，找到的工作，薪水是太太的一半。夫婦兩人商量結果，太太放棄工作在家照顧孩子，成就先生去工作。就算太太是博士，還是覺得自己的社會成就強過丈夫，會對不起丈夫；丈夫也覺得不工作，自己很沒有面子。結果，兩人常爲了小事而埋怨。丈夫總覺得自己對不起太太，要她放棄高薪，他覺得在家裡仍然抬不起頭來；太太原本可以賺到更多的錢，但是因爲先生的面子，這個家的裡子沒有了。

再比如說，英國女王的地位是大過她的丈夫的，女王對外參加各種活動時，她的丈夫總是跟著女王，陪著女王的，不能走在女王前面。這有什麼不好呢？所以，這些形式不必太計較。說穿了，就是傳統兩性不平等的觀念，使得大家覺得做家庭主夫很丟臉，實在沒有必要。

傳統兩性不平等的觀念，使得大家覺得做家庭主夫很丟臉，實在沒有必要。

做家事的福報

問

大部分的婦女都是家庭與事業兩頭燒，一樣是上班，但要請先生分擔家務、照顧孩子並不容易，傳統認為，這是女人的責任。要怎樣才能說服另一半分攤家務呢？

答

在工商業社會，或是開發比較早的國家，夫妻分擔家務可能已經不是問題。但在我留學的日本，是大男人社會，重男輕女，日本男人回到家，什麼家事都不做。不過，在我日本博士班的同學中，有對年輕夫妻家務分攤著做，且做得很好。一人買菜、一人煮飯；一人洗碗筷、一人照顧客人。共同打理家務事，彼此分工，不分內外。

三十年前，我暫時住在美國朋友家中，他們的家庭成員只有夫妻倆和一個孩子，家務也合作得很好，洗碗、打掃，各有分工。我覺得他們的分工合作很好，尤其是雙薪家庭，太太一樣外出工作，回到家，先生也該分擔家事。

我認識一位基金會的主管，他除公事之外，每天忙著家裡的事：小孩上學要他送，衣服要他洗，家裡環境要他打掃。他說：「我太太整天只想看看書報、聽聽音樂、散散步。」

我說：「你工作這麼忙，何不請位傭人來幫忙？」他回答：「找個傭人，還得要有人來教傭人，我太太不會做這種事。」我稱讚他：「你的福報眞的很大。」

夫妻應該先商量，哪些工作各自負責；如果對方都不願做，那自己只好轉個心念：自認家裡有一位「菩薩」，是來「鍛鍊」自己的；能者多勞，爲了家庭，爲了孩子，就多付出一些吧！

我認識一對醫師夫婦，兩人移民至美國行醫，太太當醫師外，還繼續深造，她的收入是先生的兩倍。她的工作很忙，家中還有兩個小孩要照顧。但先生回家後，只想看電視、報紙，家事全都不管。她和先生說：「爲什麼不能幫忙做家事呢？」先生說：「我只會看病，其他的事我都不會。」

爲了先生不做家事，她曾經幾次向我說她想要離婚。我說離婚對小孩不好，要她好好考慮，她接受了。現在孩子都大了，家庭和樂是她的忍耐犧牲換來的。

在先進國家裡，男女平等已是社會的共識，大部分男人會分攤家務。每到星期假日，男人在家割草，整理庭院，修理家具、玩具，這是西方社會的文化傳統，東方社會也應學學，注入這股好風氣。

能者多勞，為了家庭，為了孩子，就多付出一些吧！

家暴是前世報應？

問

最近家庭暴力問題很受重視，許多人都有這樣的煩惱。但是多數人勸合不勸離，都說夫妻是相互欠債，所以要多忍耐。真是這樣嗎？

答

不對，把家庭暴力說成是前世因、今生果，這是非常消極的，對改善現實既沒有幫助，且錯用了因果觀念。

有一位女士學佛之後，把先生也帶來皈依，但是在受五戒時，先生說：「師父，五戒裡我只能守四戒，不殺生、不偷盜、不邪淫、不妄語都還可以，但不飲酒，我可不守，因爲我還想喝酒。」結果，他不只喝酒，還賭博、好女色，回家就打太太。

這位先生故意打太太，是爲了要逼她離婚。也許有人會想，離婚對孩子不好，還是忍忍吧。但如果眞的爲孩子著想，就應該想到，這樣吵吵鬧鬧、充滿暴力的家庭，適合孩子成長嗎？難道他們不會擔心受怕嗎？在家庭暴力陰影下成長的孩子，往往會造成心理上負面的影響，所以我勸這位太太：「既然婚姻無法挽回了，爲了孩子，還是離婚吧！」

從我的立場，當然勸合不勸離，夫妻之間有問題應該好好溝通，不要輕言離婚；但如果眞的無法相處，離婚也是一種處理的方式。因爲讓孩子看到父母惡言相向，或者是生活在暴力之中，其實是更大的傷害，許多青少年會有行爲偏差，都是與父母情感不和睦有關。

把家庭暴力歸咎於因果業報，被虐待的一方必須默默承受，這種說法是非常不恰當的。所謂因果，有的是「異類因果」，也就是說，因爲時間或者空間的因素不同，結果便有所不同。比如說，本來種蘋果、種桃子，但是在接枝之後，長出來的果實就和原來的不同了。至於眞正的「等類因果」，種什麼就得什麼，其實不多。因爲環境改變了，加上人爲的努力，會使得前世種的因，在今世結出不同的果。又如，我出拳打了你，你並沒有還手，結果我這個打人的人，不一定被打。只用簡單的因果觀來容忍暴力行爲，這是不健康的，也是沒有智慧的。

暴力相向的婚姻，就像是一面破碎的鏡子，很難再恢復原貌。因此我奉勸夫妻吵架，最好能夠馬上和解，一旦演變成暴力，便難以挽回。假如夫妻之間具有共同的信仰，不論什麼宗教都好，在相同的生活準則之中，彼此互爲扶持的伴侶，也就不會有家庭暴力的問題了。

夫妻之間有問題應該好好溝通，不要輕言離婚；但如果真的無法相處，離婚也是一種處理的方式。

太太爲什麼不再是「知己」？

問

外遇愈來愈常見，幾乎是現代人的普遍危機。如果朋友遇到配偶外遇的問題，該怎麼勸慰他呢？

答

這必須回歸到人的本質來看，人和動物還是不同的。動物的交配，是爲了繁衍後代，有固定的季節或週期，不會是隨時興起而爲之的。但人類不同，似乎在性這件事上，比動物更有自由度；但是，既然做爲人，就要有人的責任，婚姻原本就包含了感情與責任。

面對婚姻之外的誘惑，要回想起自己結婚時所發的誓願，曾經承諾要終身相守、沒有二心。像西方人，結婚是在教堂裡對著上帝發誓，兩人不論貧富，都不離不棄；現代有些人是到法院公證結婚，兩人在法官見證下，在結婚證書上蓋章，用法律背書，缺少一點盟約的神聖性，但一樣是一種約定。

現代人不再重視婚姻的約定及責任，這是社會的危機。我主張，結婚時應有宗教儀式，在典禮之中向大眾宣示，從此要對婚姻盡責任及義務，彼此相守，用宗教信仰的力量來互相約束，可能好一些。

無論如何，結婚時戴婚戒是一種信物、一種契約，像守了戒一樣。但許多人寧可把婚戒給脫掉了。對出軌的人，我還是要勸一句：回到做爲人的責任，信守最初的承諾。

許多人會說「這只是逢場作戲」，或是「一時好玩」，或者說「難得遇到紅粉知己」。這些都是不可以的，都會影響夫妻之間的感情。偷情看起來浪漫，但爲何不回頭想一想：是不是冷落了自己的配偶？太太爲什麼不再是「知己」了呢？

不負責任的後果就是毀了家庭，壞了名譽，也給了兒女不好的示範。感情的複雜化，後果要自己承受。佛家講因果，偷情是刺激的嗎啡，雖然一時快樂，長期下來卻可能中毒，人還是必須想想自己的本分。

面對外遇所苦的人，要安慰他們，只能用理性來處理感情的問題：用智慧的劍，斬斷煩惱的情絲。即使痛苦，也沒別的選擇，否則下了苦海，愈陷愈深，只會被浪頭捲不見了。除非回頭，否則就會滅頂，身敗名裂。

對出軌的配偶要按兵不動，不要馬上談離婚，斷了對方回頭的機會。如果對方願意回家，就要寬宏大量地接納，給婚姻再一次機會。

面對外遇所苦的人，要安慰他們，只能用理性來處理感情的問題：用智慧的劍，斬斷煩惱的情絲。

外遇毀掉一家人

問

外遇這麼普遍，現代人的心也容易受挑動。可是一天到晚檢查配偶的時程、包包、電子郵件或是手機，看有沒有出軌證據，實在令人厭煩。難道就隨時接受外遇的來臨嗎？

答

外遇不是現在才有，在過去社會也有的。大致上中年以後，事業有成，身體狀況還不錯，就可能遇上誘惑。有人看上財富或名望，有人因為外表，要拒絕這種誘惑還眞不簡單！或者，已婚者主動地去追求第三者，原因可能是對自己的配偶不滿意，想找另外的對象，做爲精神上的避風港。所以，外遇可能是出軌者單方面的問題，也可能是夫妻兩方面的問題。

當已婚者遇上誘惑，要把誘惑視爲陷阱，盡力避免；如果發現配偶有了外遇，最好不要吵鬧，要愛護他、同情他。外遇是個火坑、是個地獄，毀掉的不只一個人，而是一個家。多給外遇者關愛和包容，或許他就能回頭。

如果是已婚者主動去追求第三者，可能是因爲心理或生理上覺得有所不滿，根本的辦法，是要調整婚姻的狀態，檢討爲什麼配偶會往外發展。

要改變習以爲常的婚姻狀態，這要花時間，也要用心。如果天天查配偶的行程，檢查皮包、查查電子郵件或手機通聯記錄，像這樣存著懷疑的心來對待對方，夫妻感情本來還沒有這樣惡劣，老是懷疑、監視，把對方當成賊來看，感情就更不可能好得起來了。

在我看過的例子裡，出軌的人會吃了秤鉈鐵了心，一定非求去不可的例子很少。所以婚姻有了問題，應該用愛來包容，把家照顧得非常溫暖，讓家人回家之後，感到舒服愉快。那麼讓出軌者回家，就不會太遠了。如果配偶是無論如何不回頭了，那就再看下一步的打算。如果嚴重到了這種程度，只能放他走。否則兩人成了怨偶，一見面就吵架，那多痛苦啊！不過，這是萬不得已的做法。

台灣的離婚率不斷升高，原因是大家對婚姻不珍惜。結婚的時候，兩人應該要有心理準備，如何營造家庭的溫暖，夫妻之間融洽的情感，彼此互相體諒、尊敬，互相學習、幫助。如果經常有這個共識，就算對方有了外遇，終究還是會回頭的。

外遇是個火坑、是個地獄，毀掉不只一個人，而是一個家。

娶外籍配偶無法解決問題

問

有不少心智障礙者的父母，擔心自己年老以後，沒有人能照顧智能障礙的兒女，於是花錢娶外籍配偶，好代替自己照顧孩子。有人批評買新娘違反人權，但如果不這樣，心智障礙者老來沒人照顧的問題，又無法獲得解決，這該怎麼辦呢？

答

心智障礙者的父母會用錢買媳婦，主要作用有兩種：第一是希望傳宗接代；第二是孩子無法自己生活，也不會管理家業，希望媳婦生了下一代，還能替他們管家產。這樣的安排就如同買保險，老人家以爲這樣做，兒子晚年就有保障，老夫妻也可含笑九泉。

我知道有不少家庭是這樣做的，有的還眞的生了好幾個孩子。一般來說，甘願嫁給殘疾丈夫的異國新娘，大多是出身窮困家庭，希望嫁來台灣之後衣食無憂。不過，這樣的保險並不保險。

當老夫婦還在，一切都管得到，老人家還可以幫忙照顧孫子；一旦老夫妻往生，一切就很難說了，就看家裡的財產夠不夠往後的生活開銷。如果家裡的財力不夠，媳婦也許會選擇離開這段婚姻，最後，生下的孫子沒人照顧，反而成了另一種社會問題。替心智障礙兒娶媳婦，也許是一種不得不的安排，卻不是可靠的安排。

台灣近年來，這樣花錢到東南亞買一個新娘回來的事很多，常被批評是違反人權，而且沒有法律來保障離鄉背景的新移民。我曾向行政院建議，應該立法保障外籍配偶，因爲她們在台灣形單影隻，又人生地不熟，即使受到欺負，也沒有娘家在這裡當後盾。

我們必須有慈悲心，東南亞國家的女孩是因家鄉貧窮才會嫁來台灣，成了台灣媳婦；但在台灣卻不被當成「台灣人」，而被視爲外來人，是不是很不慈悲呢？

如果要考量心智障礙者的老年照顧問題，父母可以有另外更可靠的安排。比如如果家裡有錢，就可以成立一個基金，信託給某一機構來照顧智障孩子老年之後的生活與醫療，一樣可以安養晚年。

買新娘照顧心智障礙兒，是對新娘不人道，對心智障礙者的未來，也是極不可靠的安排。

買新娘照顧心智障礙兒，是對新娘不人道，對心智障礙者的未來，也是極不可靠的安排。

娶外籍配偶要感恩

問

台灣有許多外籍配偶是花了大筆聘金娶來的，因此台灣丈夫會覺得太太是他花錢買的，有人甚至要兒子叫親生母親「外勞」；也有父母替精神病的兒子娶了外籍太太，生了孫子之後，卻把媳婦休了，媳婦不懂中文，只好認了。看見人性扭曲的一面，真令人唏噓！

答

這些都是人間的百態，是人間的可憐相、愚癡相。在台灣，我們對待外籍配偶的問題，跟外籍勞工的問題，是類似的心態，視他們不如台灣人。其實，外籍配偶跟外籍勞工比起來，勞工是付出他的體力和時間，配偶卻是奉獻她的身體，同時也奉獻體力和時間，這是更辛苦與無奈的。

外籍配偶的問題，過去台灣沒有，是到最近十多年才有的特殊現象。大概是有一些男性，年紀很大了還找不到配偶，只好用錢買。台灣的女孩也有跟外國男人結婚的，卻沒有人說「台灣人賣女兒」；但台灣的男人向經濟比較落後的國家，用聘金把太太娶回來，情形就不同了。這種現象是違背人權的，人口是不能買賣的，婚姻也不是買賣的。說花多少錢買個太太，以現在的人權來講，是不許可的。

由新娘的角度來看，她們的娘家的確是貧寒，需要夫家給她一點接濟，這也是人情之常。但與其說是「用錢買一個太太」，不如說是「感恩岳家把女兒養這麼大，嫁給你」，所以給太太娘家一些回饋，這不是買賣，而是一種感恩。如果存著感恩的心，就不會把太太當成商品。有人要求兒子叫親生的外籍母親「外勞」，這眞是太過分了。小孩如果把母親當成一名勞工，這會是家庭的悲哀，小孩會看不起自己的母親，是因爲父親自己就帶頭這樣做。

想想看，假如我們台灣女孩子嫁給了美國人，孩子叫台灣媽媽爲

「外勞」，你作何感想？或者，你在美國娶了美國太太，太太要孩子喊你「外勞」，你感覺如何呢？孩子將來又如何尊重別人？這是將心比心。

有些家庭為患有精神病或殘障的兒子娶了外籍太太，等生了孩子之後，便把媳婦休了，趕回她們原來的國家去。這樣的故事原本只出現在傳統戲劇、小說裡面，但現在台灣的現實生活竟然也有，這樣的父母應該再教育，只是利用媳婦傳宗接代，非常不道德。以因果來說，這叫做過河拆橋，吃了果子就砍樹。萬一孫子長大了，問起母親的下落，發現母親被休掉了，一個家被祖父母活生生拆散，孫子會對祖父母怎麼想？是愛或是恨？

對待不同種族、不同貧富的人，要彼此尊重。我們既然有緣藉婚姻成為一家人，就要珍惜這樣的因緣，怨家宜解不宜結，來世會是怎樣的因緣，誰又知道呢？

對待不同種族、不同貧富的人，要彼此尊重。

晚年再婚

問

現代人的壽命延長，有人在晚年喪偶或離婚後，想要結交異性朋友排遣寂寞，甚至還想再結婚，兩老共組家庭。然而，不少子女怕財產會流入外人手中，都持反對態度，阻撓想再婚的父母，建議只要同居就好。法師怎麼看呢？

答

這要看各人個別的情況，並沒有一定的標準。先說個故事，我俗家的三哥活到六十多歲時往生了，三嫂雖也已六十多歲了，但孤零零一人獨居，因此有人為她介紹對象再婚；但這樣一來，整個家族的凝聚中心就受到很大的衝擊。

在傳統的鄉下地方，一個家族的凝聚力往往要靠母親或祖母等家族中的女性長輩，父親或祖父反而沒有這麼大的影響力。因爲三嫂已經改嫁，改姓另外的姓了，必須照顧她的先生以及她先生的家庭，所以原來的家族，就必須靠三嫂的大女兒來凝聚了，這是很奇怪的現象。

老人家年老喪偶，無依無靠，想要再婚，也是人性的自然需求。子女擔心財產被新加入的家庭成員瓜分，往往會反對父母的第二春。我遇過不少喪偶的老先生，有一位再婚，沒有再生小孩；也有老人家是同居作伴的，還有人生了小孩。他們的財產怎麼分呢？有人採取的方法是：同居人雖然生了小孩，但因爲彼此沒有夫妻關係，因此只給母子一份財產，老先生原本的孩子也能接受這樣的安排，家庭沒出現大問題。

當孩子都大了，父母要再婚時，子女可以多些體諒，父母也要爲子女設身處地想一想，彼此包容。財產問題在婚前就先談好，以避免未來會爭議不斷。許多子女怕財產被瓜分，往往阻止老人家再婚，但財產是老人家自己辛苦積存的，想找個老伴度過餘生，讓生活有個照顧，爲人子女應該給予祝福。有人願意在老人家身邊照顧晚年，子女該感恩，而非阻止。

但從我的角度看，年紀大了，是不是非再找個伴才不孤單呢？一生辛苦打拚，好不容易將小孩養大了，配偶過世了，正好可以修身養性；或者到非營利事業擔任志工，一樣不會寂寞，反而能讓自己有限的人生更有意義。

年老了，再找個伴，如果雙方彼此扶持，的確可以度過美好晚年；但如果遇人不淑，在財務、生活、感情上糾纏不清，往往會是另一種負擔，結果反而讓自己的餘生更不快樂。

父母要再婚時，子女可以多些體諒，父母也要為子女設身處地想一想，彼此包容。

爲兒女留下「功德」遺產

問

許多家庭因爭遺產，鬧得親子、手足反目。有人建議，最好生前寫好遺囑，死後就不會讓家人為錢傷感情。可是，許多老人家對寫遺囑有些忌諱，請問法師對此事的看法？

答

許多人不希望自己死，也不想談死，認爲寫遺囑是倒楣的事。大部分人明知人生無常、終究一死，但不願面對死亡，連談也不想談。

北投農禪寺旁有塊空地，我們有意承租或購買，好好使用那塊地。但是地主說：「地是我的產業，不賣也不租。」我們只得放棄構想。因此土地一直荒廢著，最後老地主年紀愈來愈大，在一、兩年前往生了。

老地主的兒子問我們還要不要買地，但我們已經暫時不需要了。地主兒子發現繼承土地時，還必須支付一大筆遺產稅，但他沒錢支付，政府就遺產稅的金額由土地中抵扣，家屬能繼承的土地只剩一點點了。

另外，有一位老太太雖然有兒、有女，但她不住兒女家，安排自己住在安養院，只留下很少部分的財產，其他都分給子女。老太太還寫了遺囑，強調往生後，名下財產都捐給法鼓山，一切安排得妥妥當當，省了自己和兒女的麻煩。

我們提倡把自己的身後事先交代好，請律師或法院公證，免得兒女起紛爭。父母不要留太多物質財產給兒女，多留非物質的「功德」作遺產，或許更有智慧。

有位老太太很想抱孫子，向媳婦說：「生個孫子，就給一百萬元。」媳婦生下孫子後，老太太真的拿出一百萬元，向媳婦說：「這一百萬元，我替孫子種福、行善，捐給慈善機構利益眾生，這功德一輩子用不完。」她的觀念感動了媳婦，於是媳婦過年時，也將小孩收到的紅包拿出來布施。

把遺產留給兒孫，是台灣人的一貫信仰，自己辛苦賺的錢，不捨得給別人用，總想要一代一代傳下去，愈來愈富有。其實，有錢不一定幸福，只留下錢財，卻沒注意到品德、人格，兒孫把從父祖獲得的財富視爲理所當然，也就不會珍惜，這樣的遺產反而害了兒孫。

有一些人，即使年紀再大，也不願面對死亡，但有些人年紀輕輕就會安排自己的後事。現代人應有及早安排身後事的自覺，與其忌諱談死亡，不如做好準備，尤其是名下有產業的人，更應盡早規畫，不只是爲兒孫，也要爲眾生。

父母不要留太多物質財產給兒女，多留非物質的「功德」作遺產，或許更有智慧。

父母是家裡的佛

問

當家裡有老人需要照顧時，常會在兄弟姊妹間造成緊張，到底誰該照顧年老的父母呢？是讓老人家周遊子女家輪流居住，還是送到安養中心呢？手足之間該怎麼負起照顧責任呢？有時老人家被當人球互踢，實在很悲哀。

答

過去的農業社會，大家都讚歎三代同堂、五代同堂，兄弟不分家，組成一個大家庭，所以沒有奉養老人的問題。

其實，農業社會裡的子女長大分了家以後，還是會有老人的問題。到了現在的工商社會就更明顯了。在這種情形下，如果老人自己有一筆財產，就不會造成子女的負擔，說不定子女反而會搶著來照顧你。所以，老人要給自己留點老本，不要急著全分給子女。如果有老本可以支配，兒女要不要來照顧你也不是問題，可以請專業的看護人員來照顧你，說不定會更好。

所以，有智慧、福報的老人，會爲兒女著想，不讓兒女犯過失；也會爲自己著想，不讓自己變成人球。自己留一些老本，過簡單的養老生活。尤其現在台灣的老人有老年福利，在健保之外，大部分老人可以領各種老人津貼，老人的生活應該不會太難過。

爲何有的老人變成人球，可能是因爲父母沒有老本，兒女白手起家，維持家庭也辛苦，老人就變成小家庭的負擔了。如果老人還能照顧小孩、幫忙家務，子女還會搶人；但如果已經病了，變成兒女的負擔，兒女不歡迎，孫兒女也不歡迎。有些老人被推來推去，尤其小家庭空間不大，老大說：「到老二那裡去。」老二說：「你已住了一個月了，換一換嘛！」這樣聽起來，非常悲慘。

我的建議是，如果兄弟姊妹都不願照顧父母，不如好好商量，找一家合格的安養中心，讓專業人士來照顧，兒女在假日去探望。否則，被當人球的父母太痛苦了，到處不受歡迎。但是，我必須要提醒：爲人子女，今天把父母當人球踢來踢去，將來你老了，你的兒女也會學你，把你當人球，有樣學樣。

佛教有一部經典這樣說：因爲父母恩情是永遠無法報答的，就是把父母背在肩上，一肩背父、一肩背母，幾輩子如此，也還不清父母一世的恩情。

子女應該要這樣想：能奉養父母，是一種福報。如能這樣，兄弟姊妹之間不但不會計較誰付出比較多，還會搶著接父母回去照顧。只要有一個手足存有這樣的心，父母應是家裡的佛，怎麼會成人球呢？

有智慧、福報的老人，會為兒女著想，不讓兒女犯過失；也會為自己著想，不讓自己成人球。

接納不負責任的父親

問

有人因父親未盡責任離家出走，從小由母親辛苦養大。當父親年老要求回家，兒子必須負擔父親的安養和醫療，但兒子很想拒絕。這難題該如何解決呢？

答

像這樣不負責任，自私、逃避現實的父親，我曾見過好幾個。他們年輕時，有些不想負起家庭責任，游手好閒、好吃懶做；有些是自視甚高，自命不凡。

自命不凡的人，往往認爲家庭是妨礙他發展的累贅；離開家庭後，可以開創一片天，一旦富貴後衣錦還鄉，再來彌補妻兒。這種人雖有滿腔的壯志，自信滿滿要到外邊闖天下，但現實是幾年下來，一事無成。

我有一位俗家親戚很會做生意，三十出頭就在家鄉闖出名號開了店。但管理不善，生意倒了，於是拋妻棄子，到外面闖天下，一跑就十幾年。孩子的媽媽只得做工養家，小孩則由祖父帶大，如今小孩也有了工作，母子一起過日子。但我那親戚至今下落不明，不知道老了是否會回來依賴他們母子，也許會、也許不會，也可能成了流浪漢，在街頭度過一生。

有些人打從結婚時就不想負責任，反正孩子是太太懷胎十月所生的，太太一定會照顧，自己又不想吃苦，就將養家責任推給太太。如果再交些酒肉朋友，整天花天酒地，賺的錢不夠自己花，把家人都拖累了。這些人到了窮途末路、潦倒不堪時，就會想回家，希望子女扶養。

我有一位友人，年輕時自視甚高，認爲鄉下「英雄無用武之地」，堅持要離家打天下。這位朋友離家時，還說：「十年之後，我會讓你們穿金戴銀，光宗耀祖。」但他出外謀生到處碰壁，錢沒賺到，身子卻搞壞了，十年不到就返鄉了。才五十出頭的年齡，看起來好像七、八十歲了。雖然潦倒，但家鄉的人還是接受他、安養他，因爲不忍心讓他流落街頭。

要接納不負責任的父親，對妻兒來說，的確有些不公平。不過身爲子女，又如何忍心讓父親老來貧病交加、無人照料？在宗教的角度來看，接納他、奉養他，就如同爲自己植福田，爲未來種善緣。從世俗面來看，如果接納貧病的親人，因此造成自己生活困難時，可以請求政府和慈善機構協助，不要感到丟臉，這才是解決問題的方法。

包容老人家的「寶貝」垃圾

問

許多老人家十分固執，許多東西捨不得丟，堆滿屋子；或不肯接受子女照顧，要自己煮食，卻常忘了關火，令子女擔心。要如何才能說服老人家，又不起衝突呢？

答

許多老人珍惜財物，破報紙、破碗、破水桶，在老人家眼裡，都是還能用的，丟了可惜。

過去，我認識一位老和尚，非常惜福。人家丟在垃圾箱的報紙或物品，他都會珍惜地帶回寺院。他住的地方有一個房間，專門堆放他認爲是「寶貝」的垃圾。我拜訪他時，房裡的味道當然也不會太好，他卻一點也不在乎。我建議他：「可以用掉一些、再撿一些，不要堆得滿房間都是，這樣不衛生。」後來，老和尚過世了，他的「寶庫」大家都不敢進去，因爲味道太重了。

惜福是應該，但不能太過愚癡。物資需要重複使用，但也不需全部堆在房間裡，造成異味，影響別人，反而對惜福行爲不認同。與其如此，何不交給資源回收場處理就好？

老人家喜歡囤積舊東西，做子女的可以先讚揚他的惜福理念，並建議試試其他方式來惜福，比如可以撿了認爲尚可重複使用的垃圾，集中起來交給環保局的資源回收車代爲處理。

有時，老人家堆東西是因爲缺乏安全感，子女若讓老人明白：子女會供應生活用品，不虞匱乏，也常帶老人家出去走走，轉移注意，可能就可以改掉囤積垃圾物品的習慣了。

如果各種方法都已用盡，老人家實在不願改變，那做子女的就只能劃出一個範圍，讓老人家堆放他的東西，盡量不要影響別人就好了。沒有必要爲了「垃圾」問題，造成親子反目。

此外，老人家做事時，有時會忘東忘西。比如開瓦斯煮東西，又去做另一件事，往往就忘了爐子上還煮著東西的事，一不小心就造成火災意外。這樣的事情時有所聞。不過，老人家並不一定會承認自己的記性有這麼差，他可能會想「我自己可以應付」，畢竟要承認自己已經記性不好，並不是容易的事。一旦眞的忘了關火，老人家也會很自責，只是有些人不願顯露出來。

所以，與其責怪老人家，不如好好和老人家談談，要主動幫忙，免得老人家不好意思開口求助。拿出耐性包容他，不要認爲他已經老了就變得沒有用了。

老人家喜歡囤積舊東西，做子女的可以先讚揚他的惜福理念，並建議試試其他方式來惜福。

生死大事

出世是來解決問題

問

日本有年輕人透過自殺網站相約自殺，而台灣也有自殺網站，既然人生是苦海，為什麼人不能自殺？

答

許多人不知爲何而活，不知道爲什麼有了生命以後，一出生就要背負許多責任，要扛起前人累積犯下的許多錯誤。

三十多年前，我在日本留學，有位名人生了孩子，媒體請她上節目。主持人問她，對這小孩有什麼期許，結果她說：「小孩可憐，很無辜，我把他生出來，面對未來的世界，他得承擔許多責任。當他長大，我也老了，他得獨力承擔，但這些責任，是過去的人和現在的人爲未來的人製造的。政治上、經濟上、環境上仍有許多問題還未解決，就讓孩子出生，我眞覺得對他不起呀！」

她的意思是，一代一代的人製造問題，留給下一代的人解決；解決問題的人又再製造問題，又留給下一代煩惱。孩子出生不是來享受現成的環境，而是來面對問題。

主持人又問：「爲什麼不這樣想，我們爲孩子準備了這麼好的環境，過去有戰爭，但這一代至少不必面對戰爭，他們的日子也沒有我們辛苦？」

名人說：「世上的問題永遠愈來愈多，過去的未解決，新的又來了。我還是對孩子感到抱歉！」

這樣的說法是「悲觀論」，這位名人說錯了嗎？當時的我看了電視訪問，有很大的省思，我們得在嬰兒長大之後，告訴他，人出生不是來製造問題，而是來解決問題的。人的出生，是帶著使命來的，不是隨意地生、隨意地死。自殺，當然不是隨意的事。

釋迦牟尼佛出世，是爲人類解決問題來的；耶穌基督出世，也是爲了替世人贖罪，解決世代的罪惡。

雖然世界上的問題還沒完全解決，但一代一代的人，如果人人都抱持「出世來解決問題」的心態，人生觀一定是積極的，不會悲觀，每個人活著都擔負重要角色。

如果能這樣想，年輕人還會不會自殺呢？也許不會。

所以，奉勸年輕人，覺得無聊、無奈、茫然時，不妨想想自己能爲別人做些什麼、爲社會盡什麼心力，讓生命有使命感，就會覺得：活著，是值得的。

如果人人都抱持「出世來解決問題」的心態，人生觀一定是積極的，不會悲觀。

走出活路來

問

根據教育部統計，大學生自殺率比前一年增加三成，每四天就有一個大學生自殺死亡。看來，社會與家庭辛苦培養的人才，並不珍惜自己，也很容易受挫折，走不過生命的關卡。法師有什麼看法？

答

大學生自殺有種種的原因，如果光是告訴大學生，你們要愛惜自己，不要自殺，恐怕是沒有用的。我不去分析大學生自殺的原因是什麼，這應該讓社會學家、心理學家以及醫療機構來研究。

從一個宗教師的立場來看，現在有不少的大學生未能建立起健康的人生價值觀。現在的社會風氣，不論是從媒體看到的，或者人與人之間所議論的、年輕人所競爭追求的，在社會風氣和家人的期待下，不外這幾類：第一個是賺大錢，第二個是愛情，第三個是名利。

假如沒有錢，人家看不起，假如沒有辦法競爭到名利權望，人家也看不起；還有，自己沒有得到異性的愛，好像是無依無靠的孤魂，沒辦法一個人過活似的。

但是，自己有信心可以賺到錢的人不多；自己有信心一定可以找到情人，而且不會情變的很少；自己能夠掌握名利權望的人也很少。試想：人人都希望成爲有名利權望的大人物，那麼誰當小人物？人人都希望當領袖群倫的火車頭，那就沒有吊車尾的人啊！

這些錯誤的價值觀，逼使許多年輕人走投無路；一旦看不開、想不通的時候怎麼辦？就結束自己的生命了。其實，天無絕人之路，只要肯走，就有路活。

我們現在要問，正確、健康的人生價值觀是什麼？只要活下去就有無限的希望和無限的可能，盡心盡力，做到自己能做到的最好，就可對得起自己，也對得起人了。如果努力過後，卻發現努力錯了，那就改正一下，做另一次的努力。如果發現交錯朋友遇上了鬼，也許他是無心的，原諒他一次吧！要是上了同一個人兩、三次當，那就該以智慧來處理，分手對雙方都好。能這樣想、這樣處理，就不會走投無路了。

盡其在我，盡心盡力。做任何事，目的只有一個，就是讓自己心安理得地走有希望的生路，讓其他的人不受傷害。能夠讓自己快樂，讓大家快樂；讓自己幸福，讓其他人也幸福；讓自己平安，讓他人也平安，這是最好的。如果做不到這些，至少不要以為自己是無路可走的人。

但是自己有多少能力，有多少付出，是不是一定有多少收穫？不一定。只要自己盡心盡力就可以了，如果此路不通，就換一條路走；如果已迷失在三岔路口，定一定神，選一條路走。此路不通是因經驗不夠，失敗可換取經驗，應該感謝失敗的經驗讓你成長，這樣想的時候，就沒有走不通的路了。

複製人倫理

問

台灣第一個試管嬰兒已經二十歲了。最近幾年，科學家用盡各種方式創造生命、改變生命，好像把原本的因果改變了，但也圓滿許多人的夢想。從佛法的觀點，法師怎麼看呢？

答

其實試管嬰兒的問題，二十多年前就開始談了；歐美比台灣更早面對這些問題。有些宗教是不贊成的，因爲這種人工受孕的方式並不自然、非傳統；更因爲會帶來不可知的倫理危機，也挑戰宗教的許多觀點。

站在佛教徒的立場，看生命的起源，人類是如何出現的呢？佛教徒認爲，生命來自外太空；並不是說，生命是外太空人帶來的；而是外太空的生命體，本來只有非常細微的物質身體，來到地球之後，接觸到地球上的氣味，吃了地球上的食物，身體變得沉重，從此不能離開。

地球的物質，是先有空氣、水、結晶物、礦物、植物，而後有動物；只要自然條件配合得好，就會有新物種出現，但也會有物種消滅。從這個角度來看，由人工方式結合精子和卵子再植入子宮，雖然不是自然的受孕過程，還是可以接受的。

有一次出席世界經濟論壇，討論到複製人的問題，各宗教領袖都離席，只有我在。會中有人說，宗教人士一定都反對，但我舉手說，這不一定，但有幾個問題要先解決。除了科技問題，還有倫理的問題。複製人的父母是誰？提供幹細胞的母體，算是「孕母」或是「生母」？或者都不算？複製人和原來的你，不是父母關係，也不是手足關係，也不是你——原本只是你的一個細胞而已！

如果世界上所有的人都是複製人，也許沒有問題；但在目前社會，複製人和自然生產的人相處，會有什麼問題？沒有人知道。法律、心理學能夠解決複製人的歸屬感問題嗎？

另一個是遺傳問題。由一個成人的細胞複製的生命，壽命是不是一樣從零歲開始算起？三十歲的人，用他已三十歲的細胞做出一個人，是不是這複製人一出現就有三十歲生命？這些我不明白，但如果這些可能的遺傳和老化的問題不能解決，人類會提早滅亡的。

我並不懂科學，但我可以接受這些非自然方式誕生的生命，前提是這些倫理、遺傳的問題必須先考慮清楚。

墮胎罪同殺人

問

最近有一個年輕的媽媽，把生下來的孩子掐死後，丟到河裡棄屍。有人說，既然不要孩子，為什麼還要生？可是，墮胎也等於殺死一個孩子。法師怎麼看墮胎呢？

答

墮胎風氣的氾濫，困擾世界已經非常多年。在台灣，這個問題也很嚴重，墮胎率很高，在世界上名列前茅。中國大陸因爲一胎化的人口政策，墮胎率也居高不下。墮胎和父母的道德觀念、社會風氣、政府政策有關。道德觀念高、社會風氣好的國家裡，墮胎比率不會高。

以佛教徒的看法，胎兒一旦在母體內受孕，不論有沒有長成人形，都已經是一個生命。雖然在沒有成形以前，胎兒尚沒有意識及記憶，但也不能因此就把他殺了。不論胎兒大小，墮胎和殺人是犯了相同的罪。

目前台灣墮胎的原因，最主要是非婚懷孕，也有一些夫妻是不希望有孩子或孩子太多，所以選擇墮胎。我認爲，不要受孕才是最好的方法。例如，要解決流浪狗問題，不斷撲殺實在太殘忍，後來用了治本的方式，將動物結紮，現在流浪狗就少多了。所以，用結紮或正確避孕措施避免懷孕，就不必墮胎了。

有些年輕人還在讀書就懷孕了，該怎麼辦？我認爲，年輕人的父母應該很歡喜的接受，畢竟這是自己的孫子；台灣現在的社會條件，大部分家庭不至於沒有能力多養一個小孩。

有一位太太懷孕已經六個月，檢查時發現孩子畸型，還可能胎死腹中、危及母體。她來問我：「師父，我該怎麼辦？」我問她：「妳要不要孩子？」她說：「我想要。」我就建議這位太太去求觀世音菩薩，並且發個願，如果平安順產，將爲社會奉獻。之後這位太太的情況逐漸好了，孩子也生下來，的確是有點畸型。我就教她，把孩子當成小菩薩，多給一些愛心，好好照顧他。

現在孩子九歲了，已經可以走路了。因爲生了這個孩子，這家人變成非常虔誠的佛教徒，待人非常誠懇親切。這孩子把自己的父母，都變成菩薩了。

把孩子當成小菩薩，多給一些愛心，好好照顧他。

不能只生不養

問

宗教和婦女團體，對墮胎的看法不同。宗教團體主張墮胎前，女性要強迫諮商，但男性不必接受諮商。可是社會上許多父母「只生不養」，生了小孩卻未好好照顧，反而虐待小孩。是不是在懷孕前，男女都應該先接受諮商才能當父母？

答

宗教團體，尤其是天主教，對墮胎問題看得比較嚴重。過去我曾和天主教的高級教士舉辦座談會，共同討論墮胎問題，宗教界大多視墮胎爲殺生。

從生理、心理上來說，墮胎對女性傷害最大，會有殺嬰的罪惡感，因爲胎兒是在女性的肚子裡成長。相對看來，男性受的影響較小。

從佛教的角度來說，一旦受孕成形的胎兒，只要將他置於死地，就是殺人。民間信仰裡有所謂嬰靈作祟，說是會讓墮了胎的女性不平安、不順利、不健康等；遇到一些小障礙或困難，就說是嬰靈作祟，這是心理障礙。佛教則沒有嬰靈說法，純粹是尊重生命才反對墮胎。

至於墮胎只要女性諮商，男性不用，這也是錯誤的。提出這種主張的人，也許認爲墮胎對男性沒有影響，所以不必諮商。

曾經有個未成年的年輕人向我懺悔：「我做錯了一件事，和一個女孩只發生一次性關係，她卻懷孕了。女孩的父母找我，要我負起責任，我卻不敢告訴父母，該怎麼辦？」

我要這個男孩邀他父母和我一起談，但因爲他不敢開口，我就撥電話和他父母談，要他的父母與女方父母溝通。女方父母認爲，女兒還在讀書、年紀還小，希望拿掉小孩。我勸他們，小孩還是要生下來，男孩的父母應該負起小孩的養育責任，不要讓女孩因帶小孩而失去求學發展的機會。

最後，雙方家長同意讓小孩生下來，並由男方父母扶養。如今，小孩已七、八歲，小孩的父母也只有二十來歲。

年輕人只生不養，做父母的就要負起責任；如果父母也沒能力，國家就要負起責任。在美國，許多貧窮的家庭生下孩子，但養不起，就由政府安排社會團體來代養或收養。

因此，我們強調婚前要諮商，做好婚前教育，以瞭解什麼時候可以懷孕、什麼時候不該懷孕，做錯就要趕快補救。

年輕人只生不養，做父母的就要負起責任；如果父母也沒能力，國家就要負起責任。

該不該多生小孩？

問

現在已經是少子化社會，少生小孩或不生小孩，真的會對不起社會嗎？也有人主張地球人口已經很多，基於環保的考量，應該少生小孩，法師對此有何想法？

答

現在地球人口已有六十多億人，人口的確是多了些，但這個問題牽涉到整體人口趨勢、政府人口政策、社會人口結構等。到了本世紀末，地球人口會增長或消滅？現在仍沒辦法準確預測。

由於社會存在重男輕女觀念，台灣新生兒中，男生比女生多了許多，這種失衡情況如果未能改善，未來會有十多萬男生娶不到太太；大家爲了想生男孩而採取不自然、不道德的方式，也會造成很大的社會問題。

一個國家人口多比較好，還是人口少比較好呢？我認爲，人口少也不盡是壞事。孩子少，可以將教育品質集中，讓小孩有更好的教育環境；人口多了也不是不好，可以增加國內勞動生產力。

我小的時候，村裡的人都希望生多一些，因爲孩子可以幫忙做農事。我的母親生了八個小孩，其中兩個夭折了；我的鄰居生了十二個小孩，家庭負擔很重，小孩沒辦法受到好的教育，但都平安長大了。

現代人要是生十二個小孩，不要說教育費，連吃飯都會有問題。最近有位先生和我談起，他有兩個小男孩，夫婦倆都得賺錢養家。回到家還得陪伴、教導小孩，爲了讓孩子考上好學校，要補習、學才藝，負擔很重，因此他常說：「養小孩的確很辛苦。」所以，許多夫妻寧可成爲「頂客族」，不願意生孩子，不但不用那麼辛苦，也多了很多自由。

不生孩子，到底好不好呢？我認爲，沒有好壞問題，而是要看自己的選擇。有些人年輕時不想生兒育女，到了中年才覺得膝下空虛，與其老來後悔，不如趁年輕趕快生個小孩。

也許有人認爲，孩子長大後，還是會離開父母；不過，孩子雖然獨立生活，但精神、心理都還是與父母相伴。記得有位美國籍信眾，二十幾歲就結婚生子，孩子長大後就離家獨立生活，但她說：「孩子雖不在身邊，平時可以撥電話聊聊，逢年過節可以一起聚餐。如果沒有孩子，心靈會更空虛。」

我不認爲世界上要有更多的孩子，有小孩和沒有小孩各有好處，要看結婚的夫婦如何選擇了。

有小孩和沒有小孩各有好處，要看結婚的夫婦如何選擇了。

別帶孩子一起尋死

問

台灣兒童人權評價不高，發生過許多起父母帶著孩子燒炭自殺的案件。有些父母以為獨留孩子在世上，會讓他們受苦，所以才帶孩子一起走，以為是為孩子著想。該怎麼破除這樣的觀念呢？

答

這種「要走，帶孩子一起走」的觀念在其他國家沒有，在西方更是沒有聽過。甚至是受到漢文化影響很深的日本、韓國，也沒有這種觀念。

這種帶孩子尋死的觀念，大概是漢民族自古以來相信人死了，就會到陰間與祖先會合。活著的時候，在陽間是同一個家族，到陰間以後還是同一個家族，就是「活著是一家人，死了是一家鬼」，在陰間還是熱熱鬧鬧的。

因此，有些人受了刺激，或者對人生絕望，覺得生不如死；可是又想到自己的孩子，怕他們留在這個世界上沒人照顧，所以要帶孩子一起走。這樣的想法是錯誤的。我小的時候，常常聽到有人說：「活是一家人，要活大家一起活；死也是一家人，要死大家一起死。」這些話聽起來滿感性的，乍聽好像還滿溫暖。仔細一想，非常悲哀，也非常恐怖，跟所有宗教的信念，都是相違背的。

就拿佛教來講，相信人與人之間，是「因緣聚、因緣散」，這一生所謂父母、兒女、夫妻、兄弟、姊妹、情人等種種關係，都是因爲種種的因緣，此生相聚；死了以後，每個人有不同的福德和因緣，就會有不同的去處。福德和因緣是看人在一生當中的所作所爲，對自己和他人、社會及世界有多少付出。有些人付出比較多，有些人付出比較少；有些人傷害人比較多，有些人傷害人比較少；有些人非常努力，有些人非常懈怠，因此結果就不一樣了。

所以，即使生在同一個家庭，是同一個父母所生，死亡之後去的地方也不一樣。這一生是親人，可是轉世投胎以後，有可能見面時，彼此是不認識的，重新來過。很多人認爲，人死後就變成鬼了，這是我們漢民族傳統的觀念。在佛教的觀念裡，人死後只有六分之一的可能變成鬼；如果造福人群，做了很多善事，就很可能升天。只有造很大的惡業，才可能到餓鬼道。

所以，自己不想活的時候把孩子一起帶走，是非常愚癡的，也非常殘忍。孩子有自己的福德因緣，怎麼可以帶他一起走？這是殺人行爲，孩子有活下去的權利。

自殺的本身，就是非常愚癡的事，因爲自殺絕對不是「一了百了」，可能會把更多問題留在世界上，也把因果留給自己的下一世。

福德和因緣是看人在一生當中的所作所為，對自己和他人、社會及世界有多少付出。

減少憂鬱的方法

問

因憂鬱症輕生的情形經常發生，雖然很多人還沒有嚴重到想自殺的程度，但在生活中也是被憂鬱纏身，悶悶不樂。如果得了憂鬱症，應該怎麼辦？

答

媒體曾經報導，台灣人患憂鬱症的比率很高，特別是二十到二十九歲的年輕人，六成有憂鬱症傾向，這是一個嚴重的社會問題。年輕人爲什麼憂鬱？可能是對前途茫然，不知道爲什麼而活、爲誰而活？另外，也可能是因爲缺乏安全感，找不到生命的著力點，不知道人生要倚靠什麼？

在我們所處的環境裡，政治、經濟、社會，甚至家庭，都充滿不確定感，二十至二十九歲的年輕人，充滿理想卻難以實現。例如有的人感情沒有問題、家裡背景好，爲什麼還是選擇輕生呢？可能是因爲覺得生命是無常的，感覺這些外在條件都不可靠、充滿不確定，都不能保障自己的未來，所以就自殺了。

懷抱理想，卻覺得什麼都抓不住，內心空虛、害怕，憂鬱就來了。憂鬱讓人睡不好、大腦不能休息，但思考又總在鑽牛角尖，老在困擾中打轉。嚴重的時候，眞會讓人想自殺。

減少憂鬱的方法之一是信仰。台灣燒香拜神的人多，但眞正有宗教信仰的人少。眞正的宗教都有一套教人處理煩惱的方法，基督教要人相信上帝有愛，一切交給上帝；佛家講因果、因緣，這些都能讓人在逆境中面對困難。

另外，建立全心投入的志業，也是減少憂鬱的方法，不論公益事業、開創新工作、藝術修養都可以。但不要變成工作狂，因爲如果怕失落而拚命工作，一旦空閒下來，反而會得憂鬱症。所以要投入工作，也要懂得調劑，放鬆休息。

得了憂鬱症一定要看醫師，而且要說出來，把自己的不安和親戚、朋友說，這樣心中會得到平安。

我有一個信徒就是這樣，整天要找人講話；如果有人願意聽，他就一直講自己的事。這樣傾吐，對他的心情很有好處的。

得了憂鬱症的人，工作能力不見得差，老闆不應該用這樣的理由開除人。嚴重的憂鬱症會影響工作效率，如果老闆鼓勵他看醫師，才是比較慈悲的作法。

要投入工作，也要懂得調劑，放鬆休息。

別衝動情殺

問

情殺事件讓人害怕，有割斷女友咽喉、潑鹽酸毀容、在飲水裡下毒等。愛情不是很美嗎？為什麼愛情會讓人殺人，如此醜陋不堪？

答

人的佔有欲是與生俱來的；若只有愛而沒有佔有，就是神仙了，那是宗教的大愛，是講奉獻的。男女的情愛是排他的，有人就是自己沒法佔有，天下人也別想。

自古就有的殉情故事，成爲東西方文學作品裡美麗的題材，像是「梁山伯與祝英台」、「羅密歐與茱麗葉」；但是，文學作品很少表現無法佔有就殺掉對方的故事，因爲不美，而且殘酷！

情殺，是「人不如禽獸」之處，因爲動物絕不至於因無法佔有就把對方殺了，只有人類。不論是清大女學生的情殺案，還是高雄割喉、潑酸案，都是強迫別人要愛自己的悲劇，完全在於不尊重對方的意願。

如果你尊重對方愛或不愛的意願，就不會強迫別人非愛你不可；否則，遷怒對方，甚至把人殺了，這樣的愛太恐怖。奉勸有這樣念頭的朋友，找你信任的人談談，暫時冷靜一下，別輕舉妄動。

曾經有位男孩子來找我，他相戀五年的同居女友要離開他了。因爲女孩子的父母覺得男孩子的脾氣不好，常欺負女兒，所以不准他們在一起。男孩子對我說：「師父，我不想活了！她的父母從中作梗，破壞我們，我想先殺她全家，再自殺！」

「阿彌陀佛，生命可貴呀！」我說，解決感情問題得理性處理，不要感情用事。「你先冷靜幾天。剛分手，別去纏她，你先反省自己的過錯，以後有機會再談一談。如果對方又拒絕，我們再說。」男孩子聽進去了。原本要殺人再自殺的，暫且按兵不動，在家閉門思過，也沒有再來找我。

過了兩、三年，再遇到這個男孩子，他已經結婚了，新娘竟然是當初那個女孩子。

「謝謝師父！」男孩子告訴我：「我聽您的話，不去糾纏她，仔細想想，還是我錯得多。問題在我，所以我向她賠罪。」

原來女孩子當年接受他的道歉，也帶他去向她父母賠罪，男孩子誠心下跪，懺悔他曾經讓女孩痛苦。見他誠心，對方父母也原諒他了。

一樁原本可能是情殺與自殺的悲劇，經過冷靜和懺悔，還是轉成喜劇，現在他們的婚姻也很美滿。所以，遇到感情問題，要忍住一時衝動，找人談一談；當一時的激憤過去，就知道衝動可能鑄下大錯，即便好姻緣也可能錯過；如果不屬於你的，冷靜之後，就讓它淡去吧！

尊重對方愛或不愛的意願，就不會強迫別人非愛你不可。

莫棄養寵物

問

許多人不想養狗了，就丟到街上，或送到動物收容所。可是，政府收容所經費有限，空間也有限，小動物的下場就是安樂死。台中收容所就發生狗沒有食物，狗吃狗的慘劇，令人不忍。佛家不忍殺生，該怎麼解決流浪動物的問題呢？

答

過去養狗是爲了防盜，養貓是爲了防鼠。家裡養一隻狗就夠了，多了會送人，所以不會有滿街流浪狗的問題。但現在社會不同了，並不見得每個家庭都需要靠狗和貓來防盜及治鼠患。養小動物，多數是把狗或貓當成寵物。有些人是因爲生活無聊，有些人是因爲孩子要求，於是家裡就多了狗貓同住。

但是飼養寵物，養的人必須考慮動物的幸福。人和狗貓是相依爲命的，要有責任感；不是孩子大了、上學了，就把動物丟掉。我見過這種人。也有人是寵物養久了，覺得沒有趣味了，或是外出旅行，寄養寵物要錢，乾脆丟掉。寵物也會老，年紀大了，動作笨拙，看起來不可愛了，生病看醫生也花錢，就丟出去。

棄養寵物有種種原因，都是養的人當初沒考慮到的。我早晨散步時，常遇到一對夫婦帶狗散步，那狗老了，走起路來搖搖擺擺的。我對他們說：「你們眞好，帶老狗散步。」這對夫婦說：「狗是孩子小時候養的；現在狗老了，孩子也離家了，但還是要把老狗當家人。牠陪孩子長大，就像褓母，現在我們要爲牠養老。老狗也曾經可愛過啊！」

像這樣的家庭，是非常負責的。如果要養寵物，要有這樣的準備，要養牠一輩子，否則爲了各種原因丟棄牠，對動物是不人道，對社會則是沒有道德。

像日本人中村夫婦到埔里久住，卻受不了街上的狗屎，就是因爲飼主不隨手收拾狗的糞便，或是隨意丟棄狗，狗屎自然就多了。

對佛教徒來講，眾生生命是平等的，更何況是跟我們朝夕相處的狗貓。遺棄寵物，就是傷害生命，等於遺棄、傷害人。喜歡時，當孩子寵；不喜歡了，就一腳踢到外面，是非常殘忍的！

不尊重生命的人，對曾經一起生活的動物不仁慈，可能對自己的親人也不仁慈。尊重家裡的動物，就是尊重生命，這是大家都必須學習的功課。

可憐惡人

問

有一個通緝犯，被警察開槍打死，家屬責怪警察輕易殺人；但也有人認為通緝犯死有餘辜，警察如不開槍，也可能被殺。要讓社會同情壞人似乎是比較難的，如果同情壞人，那好人與壞人又有什麼分別呢？

答

當一個人做了壞事，變成千夫所指的社會敗類，透過媒體報導，大家都會同意：「把這個人槍斃，早一點讓他死。」即使判刑，也要求判重刑、死刑，否則對守法的百姓不公平，而且讓民眾的生命沒有保障。

古代對壞人可以就地正法，大快人心；現代的法令，通緝犯在未判刑之前，只能視為嫌疑犯，不是罪犯，以保障犯罪者的人權。因為司法再公正，都難免會誤判。過去曾發生警察的口供筆錄和罪證，顯示案子是該嫌疑犯做的；但經過多年調查，卻發現當初的罪證有瑕疵，根本是冤獄，當事人還獲得國家賠償。如果當初就將當事人判死刑，也許滿足了社會的期待，卻製造了另一個悲劇。因此，我們面對犯罪者，應存慈悲心，不該抱持大惡不赦，「死得好」的心態。

當然，罪犯應該有適當的制裁，但死刑並不是好的方法。因爲人死了無法復活，如果是冤獄，又該如何彌補？警察開槍打死通緝犯，我們感到遺憾，因爲通緝犯是否犯了死罪，都還未定案，卻不幸被槍殺。社會對重大刑事犯或強暴案的累犯，往往會氣得咬牙切齒，恨不得將他們一槍斃命。但以暴制暴、以牙還牙，並不是最好的方式。

我有個西方出家弟子，曾和我討論一則殺人事件。在他們家鄉，每個月的月圓時分，山邊都會發生情侶或夫妻的雙屍命案，媒體稱兇手爲「山邊惡魔」。當地百姓人心惶惶，警察也成立專案小組，終於抓到罪犯。

罪犯坦承犯了十幾起案子，理應判處死刑；但警察發現，這個人平常工作認眞、生活正常，但患有嚴重的精神分裂症，有雙重人格，一旦月圓時分就會犯案。後來這個人被判無罪，但必須接受治療。

我的徒弟認爲，這個罪犯即使死一百次都不爲過。但我告訴他：「同情惡人不是同情他的惡行，而是同情這個人犯案時是有狀況的。同時對惡的行爲，要指責和改善。」如果能夠抱持這種信念，社會將會更祥和。

我們面對犯罪者，應存慈悲心，不該抱持大惡不赦，「死得好」的心態。

傷害動物的罪過

問

有教授主張，會虐待動物的人有暴力傾向，長大可能會虐待人。因此獸醫若發現動物受虐，也該比照兒童受虐，向警方通報。有人認為，這太小題大作。就佛法來看，虐待人和虐待動物的罪行，是否有輕重之別？

答

這個問題很重要。佛教主張眾生是平等的，雖然外形不同，但是生命的本質相同。因爲佛說一切眾生皆有佛性，凡是動物都是「有情眾生」。不論是人類或其他動物，都有成佛的可能性；至於什麼時候成佛，那就看眾生自己的因緣了。佛教徒吃素、不殺生，那是尊重眾生都有成佛的可能性。

在動物的分類裡，有四個層次。第一層次是人，人有細胞、神經、記憶，能夠思考，是動物裡最高的，能感覺痛苦，也對死亡會恐懼，思考生與死的意義。第二層次，是人以外的靈長類動物。這層次的動物有細胞、神經、若干的記憶，但思想簡單。對死亡也會怕，但沒有深刻思考。第三層次，有細胞、有神經，卻沒有記憶，更沒有思想。所以，會知道痛，卻不會怕。在最末一層次的動物，只有細胞、沒有神經、沒有頭腦的記憶，也沒有思想，連痛都沒有感覺。

因爲不同等級的動物，對死亡的恐懼和思考不同，對痛苦的感受力不一樣，因此虐待不同等級動物的罪過，也因造成的痛苦不同而有輕重之別。

此外，人對待動物的動機也要分開來看，是故意的虐待或無心的傷害，兩者是不同的。虐待是故意的，是傷害動物來發洩自己的情緒，或者做爲自己娛樂的行爲，只爲得到一種快感。這種罪過應該是比不小心傷害動物更重的。有時候在無意中傷害到動物了，例如開車撞到狗。如果不是故意虐待，罪過比較輕。

那我們現在要問：小時候虐待動物，長大後會不會虐待人？那就要看孩子是不是得到正確的教育。有時，小時候出於無知而虐待動物，若是父母、老師適時給予生命教育，教導如何愛護一切生命，就能扭轉後續的習性。

至於虐待動物與虐待人是否同樣嚴重？不一定。佛教戒律說，傷害人的罪各有不同，傷害親人、尊者，或聖人、賢人，罪過更大。所以，傷害動物沒有像傷害人類那麼大的罪過。

小時候出於無知而虐待動物，若是父母、老師適時給予生命教育，教導如何愛護一切生命，就能扭轉後續的習性。

不再穿皮草

問

有人發起「反皮草」運動，認為不該活剝狐狸、貂、兔子等的動物毛皮來穿；但也有人說，那些動物是專門養來取皮的，就跟豬、牛、羊是養來吃的一樣，為什麼人可以殺生只為了吃肉，卻不能殺生取毛皮來穿？

答

動物保育團體認爲以虐待的方式殺死動物，是不仁慈的，所以反對皮草；皮草的使用者則說，這是人工飼養的動物，已不是珍稀的野生動物，動物保育團體若反對殺生，就該連被人類當作食物吃掉的雞鴨牛羊也一起保護，才算仁慈。我覺得雙方的焦點似乎沒有對上，所以對話沒有交集。

若以我的看法，生命都應受到尊重，虐待動物是不人道，殺動物是不慈悲。這些殺生的畫面和價值觀，對成人而言是殘忍，對小孩子們更有很不好的影響，這是古代孟母三遷的原因之一，她不希望孟子小時候就由屠夫那裡感染到殺生的人格氣息。

再者，可以由生活環保、自然環保和心靈環保的層面去深思。若由生活的需求面看，我們是不是非穿皮草不可呢？如果沒有它，生活會不會不方便？不用皮草，是不是就不能生活？是不是就會失去地位？

人想要的東西，總是比需要的多很多。人所需要的東西，是「必需品」；人所想要的東西，是「奢侈品」。台灣的氣候沒有冷到非得穿上毛皮不可，縱然非常寒冷，材質上也還有許多替代品，不一定非得穿皮草不可。

但為什麼還那麼多人「想要」皮草呢？如果只因為是想要被注目、被討論、被讚揚、被羨慕，這就大可不必了。

不用奢侈品是生活環保，不受奢侈品的誘惑是心靈環保。由環保的觀點來考量，就可以不必穿皮草，讓野生動物扮演牠們在自然界原有的角色。如果人不穿動物皮毛、不購買動物皮毛，就不會有人飼養，動物也不會被人虐殺了，當然不必動物保育團體來反對什麼了。

有一個女孩和她媽媽來看我，我看她的面貌和身材，都很像模特兒。她說，原本也想當模特兒，但她現在是科學家。因爲她想，模特兒就是衣架子，穿衣走路展示給人看，那種生命很有限的，年歲大了之後，人家就不在乎你是不是模特兒了。

模特兒的工作，雖然展示了美，對大部分人則作用有限；穿皮草也是如此，是爲自己禦寒必須穿呢？還是爲了吸引別人的眼光而穿呢？如果穿者及看者都想清楚了這點，或許以後在台灣，再也沒人會想穿皮草了吧？

人所需要的東西，是「必需品」；人所想要的東西，是「奢侈品」。

慈悲呵護動物

問

佛教主張「護生」，包括愛護萬物。那麼，比如大陸要送給台灣一對熊貓，撇開政治爭議不談，有保育團體主張，不應該讓動物離開牠們的天然棲息地，免得適應困難，也是尊重生命的意思。但也有人認為，讓民眾到動物園接近動物、認識動物，是推廣動物保育的重要手段。站在護生立場，法師怎麼看呢？

答

熊貓只是一個例子，事實上，人類文明的發展，已使得某些動物無法自主生存，為了保護、愛護動物，必須由人類插手來保護了。

不論是天上飛的、海裡游的、地上走的，許多動物因人對大自然的開發，破壞了牠們的生長環境，而面臨生存危機。因此保護動物的人士呼籲，應該規畫自然生態保護區域，讓動物好好生存。但這些保護區域，是否就是動物的原生地呢？這並不一定，有些動物的原生地已消失了，這些保護區域只是替代的地方，用來保護動物不至於絕種。

熊貓是中國大陸特有的保育類動物，雖然四川省是牠們的原生地，但現在熊貓的遷徙和生活，都受到中國大陸保育機構的管控。如果缺乏人類的保護和照顧，牠們的數量很可能會減少。

站在佛教立場，眾生是平等的，人類有生存權利，各種動物也是。如果人類不介入，動物雖有弱肉強食的食物鏈，但某些物種還不至於滅絕。許多動物有牠們特定的食物和棲息環境，當自然界突然產生大變動，很可能會迫使牠們遷徙，或者在這個地球消失。

人類一向自以爲尊，爲了經濟開發，很少人去思考動物棲息環境的改變。而從佛教的角度來看，不只珍稀的動物需要保護，所有動物都應該受到保護。人類對寵物，例如貓狗，可能不會虐待，但對雞羊豬卻是可殺的，心態不是很矛盾嗎？這是爲了私利的滿足，而否定生命的平等觀。

站在我的立場，如果人類能把愛護動物的觀念，普及於所有動物，那才是眞正的慈悲，世界也必定是祥和的。

眾生是平等的，人類有生存權利，各種動物也是。

盲目放生反而殺生

問 有些宗教團體認為放生是功德，大量買動物來放生，又可能放錯環境，造成生物死亡，有業者還專門抓動物來賣給人家放生。這不是很兩難嗎？

答 放生的淵源來自慈悲，放生本身是正確的。釋迦牟尼佛講過好多動物被虐待、被宰殺前救起來放生的故事。比如鴿子被鷹追，逃到佛陀身旁，佛陀代鴿子求情。可是鷹說，牠也需要食物才能活命。鴿子和鷹都要活命，怎麼辦呢？釋迦牟尼佛就割肉餵鷹，割下和鴿子相同重量的肉，餵給鷹換回鴿子的命。這樣捨身放生，是很感人的。

歷代高僧建了許多放生池、放生園，有人捕了魚要去市場賣，被出家人見到了，不忍心見魚被殺，買回來放生在池裡，免得再被人釣走。

放生園裡的牛羊雞豬等，都是在送到屠宰場途中，出家人遇上了，當下動了慈悲心，買下這些牲口送到園裡放生。出家人的放生行爲，並不是爲了放生，專門到牧場裡買動物或叫人去捕了再全部買來放生，而是面對屠殺的當下引發了慈悲心。

孟子說：「見其生，不忍見其死；聞其聲，不忍食其肉，是以君子遠庖廚也。」天主教、基督教提倡愛萬物，佛教講眾生平等，是說動物未來也有機會成佛，對動物要慈悲；並不是說，目前的一切動物就和人類是相同的。

以前交通很不便利，放生的鳥魚等，都產自本地或附近，放生並沒有水土不服或是物種差異的問題。但現在很多放生的行爲出問題，常在佛誕日或定期舉辦的放生會，集合很多人、募很多錢，買整批的魚、鳥、龜來放生。有些動物是人工飼養的，已經失去野外求生的能力，根本不適合野放，放生反成放死。例如魚塭養大的魚不能放在河裡、海裡，因爲牠們可能已經不會自行覓食了；或者是把海魚放到河裡，沒有考慮到魚類與水質、水深、水溫的習性，盲目放生，沒有功德，反倒有罪過。

農禪寺早年也放生，但是少量的做，派專人去找原本是要宰殺的動物，才會買來放生。有時候放了魚，還要再和漁人說，這些魚不要再捕了。如果爲了大量放生而捕捉動物，這等於是虐殺動物。

現在我們主張保護野生動物，不只是珍稀動物。我們在台北市立動物園裡捐了幾個鳥籠，收留各地撿到的傷鳥，送到動物園醫好了，再送到原生地去放生。這才是現代放生的實踐方式。

如果為了大量放生而捕捉動物，這等於是虐殺動物。

動物生死順其自然

問

近來動物醫療日漸進步，貓狗若得了重病，像癌症化療也所費不貲；但動物沒有健保，如果動物的主人認為花費太高，決定讓動物安樂死，法師同意嗎？若是同意，為何對待動物和對待人的標準不同？

答

這個問題還是要回到自然律來看。人是人，動物是動物，原本就不相同。其實，就是人生病之後所能得到的醫療，也不是人人一樣的，也會因地區、國家而有差異。即使是富強如美國，也有上千萬人沒有健康保險，生病了卻看不起醫生。

像是印度的孟買貧民窟，住了二、三十萬人，都沒有戶口，有些人住在路邊，頭頂上連一片屋瓦都沒有，更何況是健康保險？可能從出生起，就沒有接受過任何醫療照顧。萬一生病了，有錢醫就去醫；沒錢也沒有辦法，就只能聽天由命。在印度旁邊的巴基斯坦也是這樣的。窮人走投無路，就只能聚集在貧民窟，非常擁擠，衛生條件很差。如果害了病，就只能等死。

在歷史上，戰亂、饑荒經常是與疫病相連的，農事無法耕作，糧食短缺，戰場上傷亡無數，無人收屍，很快就有了傳染病，更造成死亡人數的劇增。

但是現代人有錢了，養動物不是當成牲口，而是當寵物、當孩子養，呵護備至。貓或狗只要打個噴嚏，或是身上發癢，馬上就送獸醫院，吃藥、打針、藥浴，什麼都有。但是，世界上許多窮人都還沒有這樣的待遇呢！

這是因為社會富裕了，人民普遍擁有更好的物質文明與享受，才讓一切的要求和標準都提高了。有能力者養寵物，當然可以花更多的代價，去追求更好的醫療；但如果能力不足，別說是動物，連家人生命都無法救治了。這是資源條件的不同。

如果親人生病而且能救治，當然捨得花再多的錢，以挽回親人的性命；但如果醫師宣告已是來日無多，回天乏術，也不必再強求。

在有限的資源裡，首先要讓人的生活能過得去，再來求其他，包括貓狗的醫療；如果爲了貓狗而傾家蕩產，那就很愚蠢了。

在有限的資源裡，首先要讓人的生活能過得去，再來求其他。

防癌的方法

問

台灣企業家郭台銘的妻子過世，很多人不免感歎，他的財富再多也留不住愛妻的生命。癌症一直是台灣十大死因之一，只要聽說什麼東西會致癌，就會引起恐慌，好像許多東西都不能吃了。談癌色變，倒是不分富人或窮人，我們應以何種態度面對癌症？

答

財富和生老病死沒有關係，財富是物質現象，生死卻是生理現象。貧窮的人會死，富有的人也會死，自古皆然。但長生不老的希望，也是自古皆然，古代帝王、有權力與財富的人，會請方士煉丹，尋找長生不老藥；但財富與權勢，卻不是生命長度的保證，這是金錢換不來的。

我對於財富的看法是，好比人兩手捧水，從池子裡把水捧在手上，即使保持不動，水仍然會漏失，不會一直停留在你手裡。所以，當錢在你手上時，就要好好用，如果不用它，終有一天，它仍會回歸於無，讓你不想放手也得放手。財富若不能利益人群，就只是累人而已。

對於癌症不需要太過緊張，要防癌也不用矯枉過正。有些東西不應該吃就不吃；該吃的吃夠了，就不應多吃；營養夠了，也不應貪吃。同時也用不著一定要吃很名貴的東西。

我的飲食原則是：新鮮、營養、衛生，就是好的食物；不必追求「物以稀爲貴」，也不必吃太多補品。

我雖然年紀大了，但我每天一定運動，到山上走一走，幾個小時也不會累的。這對身體、心情，都很有幫助，現代人一定要養成運動的習慣，這比擔心吃什麼才長壽更有幫助。忙或不忙，也宜有一項人生修養的工夫，例如靜坐就能緩和心情。

醫學研究指出，情緒和癌症的關係很大，愈恐懼、活在負面的情緒裡，反而更可能得到癌症。與其害怕地不吃這、不吃那，不如以靜坐、念佛放鬆身心，以運動活絡筋骨，相信一切自有辦法，不必害怕，要來的，害怕也沒有用；宜面對困擾，該怎麼處理就怎麼處理。

藏傳佛教的十六世大寶法王噶瑪巴，當年就是癌症過世的。你說他沒有修行嗎？不，他當然是大修行者，但若癌症要來，也要坦然接受生命的結果。

財富若不能利益人群，就只是累人而已。

可以代死者捐器官嗎？

問

器官捐贈雖是義行，也是社會所鼓勵的，但如果當事人生前未簽署器官捐贈意願書，卻突然往生，家屬可代為決定捐贈器官嗎？如何向亡者「交代」呢？

答

以佛家觀點，灑脫一點看，人往生了，遺體就成廢物，沒有用了；幾個小時內就會開始腐敗。如果能夠及時捐出器官，遺愛人間，那是慈悲心的展現，也是爲往生者植福。

如果往生者生前沒有簽署器官捐贈的文件，也沒有預立遺囑，或遺囑裡沒有提到這些，但是這個人生前是十分慷慨的，那家人應該能夠體會他的心意，代他決定捐贈遺體應是可行的。不過，如果往生者生前就對身後事很執著，比如不願火化，雖然他自己看不到了，但對後事有種種要求，那麼家人還是不要任意決定比較好。

家人到底如何決定，取決於對往生者的個性與想法的理解。從佛法的立場來看，人的軀體只是暫時的，如果一口氣沒有了，這個身體就不再是「我」了，只是個「物質」，不再有生命現象，不論如何對待這個軀體，也不再覺得痛了。這就是對生命、軀殼豁達的想法。

就像是寄居蟹、蛇和蟬的生命，都一定要經過蛻殼的階段。蛻下舊有的軀殼，就代表生命的成長。我們要有個觀念：軀體不代表生命，當生命消逝，軀體就只是個「殼」，對往生者一點用處都沒有了，但對於活著的人卻可能有用；如果能捐出有用的器官，幫助有需要的病患，那是好事一樁，是助人的一大功德。

如果人在往生前，沒有機會知道這些道理，家人也來不及說服他捐出器官，可以在器官腐敗之前，由家人或宗教師在往生者的耳邊跟他說明白，讓往生者的靈魂不會對軀體執著，就可以捐器官救人。

我曾看過虔誠的父母爲車禍往生的兒子捐出器官，因爲父母認爲，孩子在世時還來不及爲世界奉獻就往生了，他有用的器官至少可以留下愛心。他們對我說：「我的孩子走了，但他的愛還是在世上流傳。」如此，孩子是大菩薩，以器官度眾生，父母也要看得開。

如果能夠及時捐出器官，遺愛人間，那是慈悲心的展現，也是為往生者植福。

如何告知病情？

問

親人罹患重病，家屬要以什麼心態對應？如果醫師告知患者生命已不樂觀，要向患者說出實情嗎？該如何衡量呢？

答

患者罹患重病，是否要告知實情，沒有一定標準，因人而異。要看病人及親人的心理狀況如何，再隨緣制宜。

我曾遇到一位癌症末期的病人，他的家人在他面前都不提病情，但背地裡卻又非常地焦慮，告訴我說：「大概已經不久人世了，但沒有人敢告訴他實情，怕他衝擊太大、受不了。」

他的家人希望我去慰問、關懷患者，我依家屬所託，明明知道他的病情不樂觀，還是要告訴他：「沒有關係，念念觀世音菩薩，很快就會復元了。」

結果他對我說：「師父，我知道大家都在騙我，我早已知自己不久人世，爲了不要讓他們傷心、憂慮，也只得向他們說：『放心，過一陣子就好了。』大家都在演戲啊！」他說：「我很清楚自己的身體狀況，大家不告訴我，但我知道我已經到了要走的時候了。」

我勸他坦然和家人談談，免得家人不敢談後事。話說開來後，大家坦然面對，該來的總是會來，他並告訴家人：「心境已準備好，已無所求，準備等佛菩薩來接我。」我告訴他，不要等死、不要怕死，更不必求死，時時念佛，能念多少，就念多少。

一般癌症末期的患者，癌細胞會擴散，臨終前會痛苦不堪，這位患者臨終時沒有任何痛苦，走得很安詳。如果病人怕死，不願面對死亡，跟他說病情時，可能會讓他驚恐、緊張，原本還沒到死的地步，反而被嚇死了。因病人怕死，受不住驚恐和緊張。愈是怕死的人，愈無法面對死亡，臨死前會很痛苦、很恐怖！對這樣的人，還是將病情隱瞞起來比較好。不知情的情況下死亡，來不及驚恐就往生了，但可能很多事情來不及交代。

人生在世，終究會死，即使沒有病也會死。因此，病人生病時可以告訴他應該先有死亡準備，比如預立遺囑、後事該如何辦理等，讓自己心中沒有牽掛，也不會留下子女爭產等後遺症。立遺囑可包括：財產如何處分、事業如何處理，未了心願如何了結等。

病人不喜歡提及死亡，但是人人都要爲死亡做準備，就後事做好交代，讓死者無憾、生者無爭。

不要等死、不要怕死，更不必求死，時時念佛，能念多少，就念多少。

預立遺囑要及早

問

美國植物人婦女泰莉拔管的道德問題，引起社會上很大的爭論。很多人反省，如果失去意識，生亦如死，而且成為別人的負擔，為何不能選擇死亡？如果預立遺囑說，自己一旦變成植物人時不要苟活，法師贊成嗎？

答

這是一個很嚴肅的問題，要從三方面思考。第一是人道層面。必須看這位病人，是不是還有人照顧？這個人的家屬是不是忍心讓他往生？還有就是社會大眾的想法，一般的認知是，植物人也是人，有活下去的權利。既然沒有人可以奪去另一個人的生命權利，就沒有人可以替植物人決定生死，即使家屬也不行。

像王曉民能活了那麼久，是一個很特殊的例子。她的母親過世前曾經見過我，很憂心沒有人繼續照顧她。我告訴這位偉大的母親：「妳心中不必有牽掛，一定會有人繼續幫忙照顧的。」

第二是宗教的層面。不論東方或西方，任何宗教都不贊成殺人、不贊成見死不救。對佛教徒而言，即使動物都不忍心殺，植物也要珍惜，何況一個有生命的人？而且發願照顧植物人，更可以養成慈悲心。但問題是，植物人的家人有沒有能力負擔？站在宗教的立場，要讓植物人活下去，如果家人無力負擔，必須由社會來共同承擔。

第三是科學的立場。我不懂科學，但植物人爲什麼叫植物人？就是像植物一樣，不再有意識、沒有認知和語言能力。他的腦細胞是否還在活動？我們不知道，但從外表來看，病人像植物一樣躺著，好像長久處在被麻醉的沉睡狀態，不知道恐懼，也不知道死亡。

植物人是有生命的活人，但在科學上來說，經常必須用儀器供氧灌食，幫助他活著。這樣的生命，已經失去生而爲人的尊嚴了。如果一個人可以在健康時預立遺囑，說明一旦必須以機器維持生命時，自己的選擇是去掉機器、接受自然死亡，早一些往生輪迴、轉生爲一個新的生命，在我看來，這說得過去。我個人的觀點，是在宗教和科學之間。我的宗教信仰，不希望植物人安樂死，但如果是自然死亡，則可以接受。但家屬要如何面對這個生命，可以有自己的選擇。

我強調，人在健康時，應該預立遺囑，說明意願，免得一旦遭逢不幸、成了植物人，讓親友和家人麻煩，面對不同角度的爭論。

人在健康時，應該預立遺囑。

最好的葬法

問

最近常可看到樹葬、海葬的公益廣告，呼籲大家身後事也可以有不同的處理方法。可是有些老人家，堅持自己身後一定要「入土」才能安，還交代子女；但年輕人的觀念不同了，現實環境也不同了，兩代意見分歧，該怎麼辦？

答

任何風氣開始形成的時候，大家會覺得格格不入，或對新思維採取排斥的態度，但之後漸漸會變成習慣的。樹葬、海葬，以及法鼓山現正推行的灑葬，都是新思維，都有其時代性和地區性的需要。因爲人口愈來愈多，可用的土地卻愈來愈少。即使是在土地廣博的中國大陸，也因爲人口太多，非常重視農耕土地，大陸政府也提倡樹葬、花葬，勸導人民勿土葬。

在台灣，處理身後事，多半是土葬。我的師父東初老人往生時，交代要用火葬，骨灰灑在海裡，不要留下任何東西讓人膜拜，出家人走了就走了，非常灑脫的。

可是他的幾位同鄉法師指責我說，他們這一系的出家人，往生後一定是土葬，堅持要我去買棺木、買墓地。後來，我在師父的保險箱發現他留了一份遺囑，交代過世之後絕不要土葬。他的同鄉法師看了，說：「既然如此，我們就不堅持了。」

就算是出家人，也會執著於安葬的方式，何況是在家人？大家認爲土葬是理所當然，俗話說「入土爲安」、「長眠地下」，好像已經是自古以來的觀念；如果要改變，則需要好好的宣導，需要教育才有效果。

在台灣，政府並未禁止土葬，因此有錢人能爲往生者買到大的墓地、好的墓地，沒錢人就去買小地安葬先人。

但是，就我的經驗，許多土葬的人家，子孫傳到第三代就可能忘了先人的墓地了。在清明掃墓時節，很多墓是沒人掃的；有些大的墓地，子孫出國了，沒有人照顧，也是荒草遍地。

年紀大的人，自己要想通，現實環境已經不適合土葬了；做兒女的也要找機會與長輩溝通。其實，眞正讓子孫懷念的，不是祖先的遺骨，而是先人的遺德、遺澤。

但如果沒有辦法改變長輩的想法，子孫還是順著老人家生前的意願去做爲宜。等三、五年後，再撿骨集中埋葬或放到納骨塔裡，也是一種處理方式。

真正讓子孫懷念的，不是祖先的遺骨，而是先人的遺德、遺澤。

祈禱，讓受苦的人勇敢

問

南亞海嘯死傷慘重，災變的地方，幾乎都是宗教信仰虔誠的地區，為什麼他們的宗教沒保佑他們？

答

二〇〇五年元月，我去愛爾蘭參加世界銀行召開的世界發展會議，世界各宗教領袖們也各自爲南亞海嘯受災的民眾祈禱。但是，我提出一個問題，祈禱眞的有用嗎？

受到海嘯侵襲的地區，人民大半信仰伊斯蘭教，也有佛教、印度教，一次地震死傷無數。印尼有一個小鎭，整個被大水沖走了，卻留下一座伊斯蘭教的清眞寺。如果信仰和神明可以保護人民，爲什麼還會有這麼多人受難？如果不能保護他們，那麼，信仰、祈禱還有什麼用呢？有人說，祈禱當然是有用的；而災難則是上帝的意思。也有宗教領袖好奇，佛教怎麼看待這個問題？

我說，以佛教徒的觀點，這些人的信仰是有大用的。受難者、死亡者，如果信仰堅定、心念上有歸屬，在面對災難和死亡的時候，就不會那麼恐慌痛苦。這些受難的人，都是爲了任務來到世上。

任務是什麼？第一項任務，在佛教徒來看，這是菩薩來現身說法。他們過去發了願，要來承受人間苦難；而他們承受了這些苦難、甚至犧牲了生命，同時也讓其他的人更重視生命，瞭解自然界力量的不可預測，必須隨時都要做好居安思危、未雨綢繆的準備工作。這些受難者都是我們的教材。他們讓受到災難的地區學到經驗，讓其他地方的人，認識這個世界隨時會有災難，大家要彼此救濟、互助。南亞海嘯過後，全世界發起惻隱、慈悲之心的救助行動，這種影響力很正面。

第二項任務，是來接受果報。人生在世都要接受果報，受難者自己，以及許多其他人造的種種因，所有的果報集中在一起，由這些人承受。所以他們不只接受了自己的果報，也代全世界人承受果報。這兩項任務都很偉大。

因此，我相信祈禱是有用的，不僅對自己有用，對受難者及往生者的家屬也有用。他們的受苦，讓世人產生「仁愛」之心，沒有條件地爲他們捐獻，爲他們祈禱。全世界共同祈禱的心力，可以幫助遭受苦難的人勇敢地活下去。對已經往生的人，祈禱的力量也會通過神佛傳給他們，讓他們得到安慰、安息，往生善道。

全世界共同祈禱的心力，可以幫助遭受苦難的人勇敢地活下去。

活不下去了？

問

近日常有自殺的消息，有些人是因日子不好過，生病、欠債、事業失敗、感情破裂等；有時候活下去，真的不容易！面對受苦、不想活的人，我們該怎麼勸說比較好？

答

自殺，已經連續好幾年是台灣十大死亡原因之一了。平均幾個小時就有一個人自殺，這對社會是很大的損失。引起自殺的原因很多，有人說是媒體不好，報導太詳細，讓人會模仿自殺；也有人說是政治太亂，讓人民很苦悶；也有人怪罪是社會風氣敗壞，讓人失去心靈的平衡，內心價值觀混亂等。

其實，自殺大部分是與心理、精神疾病有關，憂鬱、恐慌、妄想等症狀。曾經有人告訴我，老是有個人在他耳朵裡說話，叫他去死。「可是我並不想死。」他會跟那個聲音對話。「不行，你快去死！」那個聲音一直命令他。我勸他去看醫師，乖乖吃藥，後來聲音就不見了。有時，我也告訴信徒，如果睡不著，就念「觀世音菩薩」。如果念佛菩薩的聖號也不能安定你的心，那就去看醫師，沒有什麼不好意思的。

有人說「生不如死」，其實這是不清楚生命的價值。人的一生是有特殊任務而來的，生命是一種過程，此生之前還有生命，此生之後，也仍然有生命。這一生的任務沒完成、工作沒做完，你不能先走；走了，就是對生命不負責任；就算硬溜走，下一輩子還是要接著完成的。

在生命中，我們各自有要完成的功課，有我們要奉獻的，這是不能逃避的，否則只是延續到來生而已。佛教徒是藉著這樣的生與死的信仰，來理解人生的苦難，如此就會明白「自殺不是一了百了」。人生裡的問題也還是問題，你只是暫時拿死亡來逃避，終究還是要面對的。

我相信，人的每一段生命劇本會不同，但困境會重複；自殺是對生命的毀約，因爲你臨陣脫逃，沒有按照劇本演出。

有人常說：「生命無價。」勸人愛惜生命，雖有道理，但我覺得還不夠具有說服力。生命不是用價值看，而是義務。生命再苦，也要過完，就是面對它、接受它、處理它，最後放下它。

在生命中，我們各自有要完成的功課，有我們要奉獻的，這是不能逃避的。

生死像睡一場覺

問

報紙上常有子女自殺後，父母難以接受的事件，白髮人送黑髮人，情何以堪？尤其父母不知子女為什麼要自殺，總會陷入深深的自責，認為是因為自己不夠關心子女，加上周遭親友又指指點點，自殺者的父母該怎麼辦呢？

答

目前台灣自殺率，雖在亞洲比日本、韓國低一些，但放在全世界來比，台灣自殺比例相當高，每十萬人中，有十八人自殺，而且還有上升趨勢。

自殺的預防很重要，尤其是年輕人自殺，雖然有徵兆，但父母不一定看得出來。孩子有時覺得父母不瞭解他，無法對話；有時，父母對子女的難題以責罵回應，讓孩子有心事不願向父母說，錯失了拉他一把的機會。

孩子有時也會因一時轉念不過來而自殺，事前毫無跡象。作家黃春明的兒子因爲感情問題自殺，這種自殺很難防範，更讓父母悲情面對。黃春明的太太一直無法接受兒子往生了，心靈非常悲苦。我對她說，父母的關心、愛護，只能做到一部分；一個人的生或死，出生就大抵決定了。

小孩來到世界，不論是來報恩、還是求償，有些在伴隨父母一段時間後，今生任務完了，就會離開。父母再悲傷都沒有用，老覺得對不起孩子或是孩子對不起父母，這樣的想法對往生的孩子和自己都沒有好處。一定要想辦法淡忘不幸，多做功德、好事，讓自己解脫。

在美國，有一位母親學禪十幾年了。她有一個兒子突然車禍死了，警方說，經判斷應該是他故意衝撞別人的車，是自殺。但母親無法接受，認爲是警察、司法官偏袒對方。即使經過多年，她都無法釋懷。於是，我建議她禪修，了悟生死。

生死就好像晚上睡覺，第二天早上起來，睡了就是死，醒了就是生。每天起床，看似和昨天是同一個人，其實不是。因爲每天睡覺時是「昨天那個人」，起來時是「今天這個人」。

不妨這樣看：我們一生一世，每天都會面對死死生生。孩子過世了，是睡著以後，到另外一個世界去了，人生做一個大的轉變。從宗教信仰來說，他是到佛國淨土或天國去了。

這樣一想，對生死就能釋懷，也就不會再哀怨、自責了。

生死就好像晚上睡覺，第二天早上起來，睡了就是死，醒了就是生。